성령세례 다시 해석한다

Reinterpreting
the Baptism of the Holy Spirit

손석태 지음

기독교문서선교회

기독교문서선교회(Christian Literature Center: 약칭 CLC)는 1941년 영국 콜체스터에서 켄 아담스에 의해 시작되었으며 국제 본부는 영국의 쉐필드에 있습니다.

국제 CLC는 59개 나라에서 180개의 본부를 두고, 약 650여 명의 선교사들이 이동도서차량 40대를 이용하여 문서 보급에 힘쓰고 있으며 이메일 주문을 통해 130여 국으로 책을 공급하고 있습니다.

한국 CLC는 청교도적 복음주의 신학과 신앙서적을 출판하는 문서선교기관으로서, 한 영혼이라도 구원되길 소망하면서 주님이 오시는 그날까지 최선을 다할 것입니다.

Reinterpreting
the Baptism of the Holy Spirit

Written by
Seock-Tae Sohn

Korean Edition
Copyright © 2016 by Christian Literature Crusade
Seoul, Korea

성령세례 다시 해석한다

Reinterpreting
the Baptism of the Holy Spirit

머리말

손 석 태 박사

개신대학원대학교 명예총장

나는 오랫동안 성경을 가르치고 연구해왔다. 그러는 가운데 알게 된 사실은 누구든지 전혀 기독교에 대해서 알지 못했던 사람이라도 성경을 공부하면 사람이 변화되고 신앙을 갖게 되고, 훌륭한 기독교인으로 성장한다는 것이었다. 말씀이 선포되는 곳에는 굳이 성령을 강조하지 않아도 성령이 역사하심을 알게 된 것이다. 말씀이 선포되고 교육되는 곳에 성령이 역사하고 성령은 말씀을 통하여 역사하신 것이었다. 그래서 나는 성경공부의 중요성을 강조하고, 특히 신학도들에게는 성경의 달인이 되라고 권면해왔다. 목회자들에게는 하나님의 구속사가 말씀의 역사이고, 우리가 해야 할 일이 말씀사역임을 일깨워 주는 일이 사명처럼 되었다. 『말씀과 구속사』(RTS 刊), 『말씀과 성령』(CLC 刊)은 바로 그러한 필요 때문에 쓴 책이다.

그러나 목회 현장의 교역자들은 말씀을 강조하기보다는 성령을 더 강조한다. 말씀과 성령의 관계에 대하여 깊이 있는 관심을 가지지 않는다. 모든 것을 성령이 해 주시리라는 안이한 생각을 한다. 물론 성령의 역사가 없이는 아무 일도 일어나지 않는다. 또한 성령을 강조하지 않는 것은 기독교가 아니다. 그럼에도 불구하고 우리에게는 성령을 우리가 원하는 대로 역사하게 할 수 없는 인간으로서의 한계가 있다. 성령은 우리가 기도한 대서 오시고, 우리가 성령을 피한대서 우리를 피해 가시는 분이 아니다. 성령과 말씀은 마치 나뭇가지와 그 열매처럼 서로 불가분리의 관계이기 때문에 말씀이 선포되고 말씀이 있는 곳에서는 성령이 가고, 성령이 역사하신다. 우리는 우리가 원하는 대로 성령을 오게 할 수는 없지만 말씀은 전하고 가르칠 수 있다. 예수께서는 우리에게 가르쳐 주신 말씀을 가르치라고 명하셨다. 사도행전을 보면 사도들이 말씀을 가르칠 때에 성령이 역사하셨다. 그러나 우리 가운데는 성령을 마치 사마리아의 마술쟁이 시몬처럼 생각하는 사람이 많다.

그 이유는 성령에 대한 이해가 잘못되었기 때문이다. 성령의 이해가 잘못된 것은 성령에 대한 가장 중요한 본문인 오순절 성령세례에 대한 번역의 오류 때문이다. 한글 개역판을 비롯하여 일부 서양의 역본들이 마치 오순절에 불이 임한 것처럼 번역을 해놓았으나 오순절에는 강하고 세찬 바람이 분 것도 아니고 하늘로부터 제자들에게 불이 임한 것도 아니다. 강하고 세찬 바람 소리가 났고, 불과 같이 갈라진 혀들이 임했다. 갈라진 불길은 그들 위에 임한 혀들의 모양을 수식하는 말이다. 그렇다면 오순절 성령세례는 그 해석이 달라질 수 밖에 없다. 구약성경에서 보듯이 그것은 하나님께서 선지자를 세우는 위임식이라고 해야 옳다. 오순절 사건은 하나님께서 예수님의 제자들을 새 언약의 선지자로 세우시고 성령으로 인치신 새 언약의 선지자로서의 위임식이라고 할 수 있다. 위임식이기 때문에 단회적이고, 선지자로서의 위임식이기 때문에 사도행전은 하나님의 말씀을 전하고 가르치는 말씀 역사이다. 우리는 그동안에 오순절 성령세례에 신학적 의미를 지나치게 많이 부여하여 감당할 수 없는 신학적, 신앙적 갈등을 유발시켰다고 할 수 있다. 따라서 우리는 사도행전 2:3의 번역부터 바르게 하고, 그 의미를 하나님의 구속사적 관점에서 새롭고 바르게 찾아야 한다. 그래야 바른 복음역사가 일어나고, 성령에 대한 끝없는 신학적 갈등을 해소하고, 모든 성도들이 진정한 형제로서 바른 관계를 가질 수 있을 것이다.

따라서 필자는 이 책이 오순절 성령세례에 대한 우리 성도들의 바른 이해를 돕기 바라고, 한국교회가 말씀 중심의 신앙과 말씀을 가르치는 목회로 돌아와 새로운 부흥과 성장을 이루는 길잡이가 되기를 바란다.

본서의 성경 구절은 특별히 밝히지 않는 한, 한글 역본은 『바른성경』, 구약은 BHS, 신약은 NA28을 사용했으며, "방언과 예언" 부분은 저자의 『말씀과 성령』의 일부를 참조했음을 밝힌다.

이 책을 내놓기까지 여러 분야에서 격려와 자문을 해주신 김의원 총장, 김구원 교수, 트램퍼 롱맨Ⅲ 교수 등의 구약학자들, 김세윤 교수, 배종열 교수, 강대원 교수 등의 신약학자들, 나용화 총장, 윤형철 교수, 송태흔 교수 등의 조직신학자들, 원종천 교회사 교수, 조성헌 총장, 구병옥 교수, 안병호 목사 등의 실천신학자들과 개신대학원대학교의 석·박사 학생들에게 감사드린다. 또한 본서의 원고를 정리하고 교정을 맡아준 조계연 장로에게 감사드린다. 아울러 본서를 기쁘게 출판해 주신 CLC의 박영호 사장님과 스텝들에게 깊이 감사드린다.

2016년 봄
배봉산 기슭에서

목 차

머리말 _ 5

서 론 _ 13

제1장 오순절의 성령세례 _ 15
  1. 성령으로 세례를 받으라 _ 15
  2. 오순절에 성령이 임하다 _ 19

제2장 선지자의 위임식 _ 26
  1. 여호와의 입, 대언자 _ 26
  2. 선지자의 위임식 _ 30

제3장 대선지자, 예수 그리스도 _ 38

제4장 제자들을 선지자로 세우시는 예수님 _ 47

제5장 새 언약의 선지자들의 활동 _ 62

1. 예루살렘 _ 63
2. 유대와 사마리아 _ 66
3. 땅끝까지 _ 71

제6장 연관된 주제들과 적용들 _ 82

1. 성령세례의 단회성 _ 82
2. 성령세례와 중생 _ 104
3. 성령세례와 교회 _ 111
4. 성령세례와 새 언약 _ 116
5. 성령세례와 물세례 _ 121
6. 성령세례와 성령충만 _ 129
7. 성령의 선물과 은사 _ 136

결론 _ 176
참고문헌 _ 180

성령세례 다시 해석한다

Reinterpreting
the Baptism of the Holy Spirit

서론

　오순절 성령세례는 신학자들 사이에 항상 살아 있는 논쟁거리 중 하나이다. 그래서 성도들은 성경과 신학 사이, 논쟁과 논쟁 사이, 이론과 경험 사이에서 혼란에 빠져 떠밀려 다닌다. 지금까지의 어떤 이론도 설득력 있는 충분한 설명이 되지 못하기 때문이다. 왜냐하면 성령세례의 정체가 정확하게 밝혀지지도 않았고, 그 정체를 밝히기 위한 시도도 대개의 경우 학자들은 학자들대로, 성도들은 성도들대로 자기들의 전제와 경험을 합리화하고 정당화하려고 하였기 때문이 아닌가 생각된다. 사실 우리는 오순절 성령세례에 너무 많은 신학적 의미를 부여하고 그것을 주체하지 못하고 있지 않나 하는 생각도 든다.
　따라서 필자는 지금까지의 연구와는 다른 접근 방법

을 통하여 본 주제를 다루어 보고자 한다. 그것은 말씀과 성령의 관계를 염두에 둔 것이다. 성령과 말씀은 서로 떼려야 뗄 수 없는 관계이면서도 그동안 우리는 이 두 주제를 항상 별개로 분리해서 생각해왔다. 창조와 타락과 구원이 말씀 중심으로 이루어진 구속사라면 당연히 말씀은 성령과 더불어 취급되었어야 할 일이었다. 뿐만 아니라 모든 성경의 주제가 그렇듯이 본 주제도 구약과 신약을 근거해서 조직신학적 검토를 거쳐 통일적으로 다루어야 하지만 지금까지는 신약성경과 조직신학 중심의 연구였다고 할 수 있다. 오순절 성령세례를 연구하는 데 있어서 구약성경은 빠져 있었다.

이러한 점을 염두에 두고 필자는 오순절의 성령세례를 구속사적인 관점에서 말씀과 연계하여 통일적인 주석 방법을 통하여 오순절 성령세례가 새 언약의 선지자를 세우는 위임식이었음을 증명하고 이에 연관된 중요한 신학적 주제를 논하고자 한다. 따라서 본서는 성령과 성령세례에 대한 성경적이고, 통일적이며, 일관성 있는 논리와 설명을 제공할 수 있을 것이다.

제1장

오순절의 성령세례

1. 성령으로 세례를 받으라

부활하신 예수께서는 예루살렘으로 돌아온 제자들에게 말씀하셨다.

"요한은 물로 세례를 주었지만 너희는 여러 날이 지나지 않아 성령으로 세례를 받을 것이다"(행 1:5).

이미 예수께서는 자신의 부활의 실체를 보여 주시고, 성경에 근거하여 자신이 부활해야 할 당위성을 증명하시며(눅 24:42), 부활함으로 자신이 하늘과 땅의 모든 권세를 가진 하나님이시라는 것을 선언하셨다. 그리고 그의 이름으로 죄 용서를 위한 회개가 예루살렘으로부터 시작하여 모든 민족에게 전파될 것이라는 구속사의 전개 방향을 알려주셨다. 뿐만 아니라 온 세상의 권세를 가지신 하나님으로서 예수께서는 그의 제자들에게 명하신다.

> "너희는 이것들에 대한 증인이다. 보아라, 내가 내 아버지께 약속하신 것을 너희에게 보낼 것이니 너희는 하늘로부터 능력을 입을 때까지 이 성읍에 머물러 있어라"
> (눅 24:48-49).

이것은 제자들을 그동안 이루어진 일에 대한 전 세계적인 증인으로 세우시며, 이들이 이 일을 수행할 수 있는 능력을 성령을 통하여 받을 때까지 기다리라는 말씀이다.

사도행전의 예수님의 명령은 누가복음 마지막 장면에 이어 사도행전을 여는 첫 장면의 말씀이다.

> "예루살렘을 떠나지 말고 내게 들은 바 아버지의 약속

을 기다려라. 요한은 물로 세례를 주었지만, 너희는 여러 날이 지나지 않아 성령으로 세례를 받을 것이다"
(행 1:4-5).

여기서 예수께서는 요한으로부터 받은 물세례와 제자들이 얼마 후 성령으로 받게 될 세례를 연계하고 있다. 말하자면 요한의 물세례와 예수님의 성령세례를 비교하고 연계한 것이다. 같다면 세례라는 것이고, 다르다면 물과 성령, 그리고 세례를 베푸는 주체가 요한과 예수님이라는 것이다. 예수께서는 1:5에 이어 8절에서도 말씀하신다.

"성령이 임하시면 너희가 능력을 받고 예루살렘과 온 유대와 사마리아와 땅끝까지 이르러 내 증인이 될 것이다"
(행 1:8).

성령의 오심을 기정사실로 말씀하시며, 성령을 통해서 능력을 받고 증인이 되라고 명하시는 것이다. 따라서 누가복음 24:48-49에서 제자들을 증인으로 세우시며, 약속하신 성령을 기다리라는 예수님의 명령은 사도행전 1:5에 연속되는 사건임을 보여 준다. 제자들은 증인이 되기 위하여 필요한 능력을 성령이 임하시면 받으라는 것이다. 따라서 오순절 성령사건은 예수님의 제자들이 땅끝까지 나아가 예수님의 증인이 되기 위한 권위와 능력을 부여받은 사건이다. 여기서 주목되는 점은 예수께서 요한에게 세례를 받으실 때 성령이 비둘기같이 그에게 임하였는데(마 3:13-17; 막 1:10; 눅 3:21-22), 이제 제자들에게 성령으로 세례를 받을 것이라고 말씀하신 점이다. 예수께서 메시아로서의 복음사역을 시작하시며 성령으로 세례를 받으셨는데, 이제 제자들도 예수님의 증인으로서 복음사역을 시작하며 성령으로 세례를 받아야 한다고 말씀하신 것이다. 따라서 예수님과 제자들은 복음사역을 시작함에 있어서 위로부터 성령을 받으신 것이다. 성경은 이 사건을 특별히 "세례"라고 칭한다. 성령이 임하심으로 받게 되는 이 성령의 세례는 분명 제자들이 복음사역의 일꾼이 되는 데 갖추어야 할 필수 요건임에 틀림없고, 성령세례는 본질적으로 제자들의 복음사역과 관련된 예식이다.

2. 오순절에 성령이 임하다

우리는 오순절에 제자들에게 성령이 임한 사건에서 세 가지 특별한 현상을 보게 된다.

첫째는 귀로 들을 수 있는 현상으로 하늘로부터 갑자기 급하고 강한 바람 소리 같은 소리가 났다. 급하고 강한 바람이 분 것이 아니고 급하고 강한 바람 소리가 들리고 그것이 온 집안을 가득 채웠다. 이 소리는 한편으로는 사람들의 관심을 위로 끌어 주의를 끌게 하기 위한 신호와 같은 역할을 했으리라 추측도 된다. 구약성경의 "루아흐"(רוח)나 신약성경의 "프뉴마"(πνεῦμα)라는 말은 "영"과 "바람"이라는 이중 의미를 가졌고, 예수께서도 성령의 역사를 바람에 비유하신 일이 있기 때문에(요 3:8) 사람들은 바람 소리만으로도 성령의 출현이나 임재를 감지할 수 있었을 것이다. 열왕기상 19:11이나 이사야 66:15에서와 같이 하나님께서는 급하고 강한 바람을 동반한 가운데 나타나신다. 에스겔 37:9-14에서는 바람, 여호와의 입김, 하나님의 영이 마른 뼈에 임하여 생명을 살리는 환상을 보여 준다. 따라서 강하고 세찬 바람 소리는 하나님의 현현이나 임재를 알리는 팡파르(fanfare)의 역할을 하고 있다고 할 수 있을 것이다.[1]

둘째는 눈으로 볼 수 있는 현상으로 불과 같이 갈라진 혀들이 제자들 위에 머문 것이 보인 것이다. 본문 "καὶ ὤφθησαν αὐτοῖς διαμεριζόμεναι γλῶσσαι ὡσεὶ πυρὸς καὶ ἐκάθισεν ἐφ' ἕνα ἕκαστον αὐτῶν"(행 2:3)을 번역하면 "그리고 그들 위에 불의 그것(혀)과 같이 갈라진 혀들이 보였고, 그들 각 사람 위에 머물렀다"이다. 좀 더 매끄럽게 번역한다면 "그리고 불과 같이 갈라진 혀들이 보였으며, 그들 각 사람 위에 머물렀다"라고 할 수 있다. 여기서 중요한 것은 제자들

---

1 Kistemaker, S. J., & Hendriksen, W. *Exposition of the Acts of the Apostles.* Baker NTC. vol. 17(Grand Rapids: Baker Book House, 1953-2001), 75-76.

위에 머문 것은 "불"이 아니라 "혀들"이다. 한국의 여러 역본들은 개역성경에서 "불의 혀같이 갈라진 것들"이라고 번역해 놓았기 때문에 마치 오순절에 불이 임한 것이라고 답습하고 있다. 그러나 오순절에 예수님의 제자들 위에 내려와 앉은 것은 불이 아니라 갈라진 혀들이다. 혀들의 모양이 마치 타오르는 불길처럼 갈라졌다는 것이다. 서양의 주요 역본들은 거의 다 "불(의 혀)같이 갈라진 혀들"이라고 번역한다. ESV(divided tongues as of fire), KJV(cloven tongues like as of fire), NAS(tongues as of fire distributing themselves), NET(tongues spreading out like as fire) 등이 혀로 번역하고 있다.[2] 그러나 NIV는 "tongues of fire that separated"(갈라진 불의 혀)라고 번역하고 있는데 이는 불이 임한 것을 의미한다. 개핀(Gaffin)도 그의 저서에서 성령세례에 대하여 설명하며 예루살렘의 제자들 위에

---

[2] Cf. John B. Polhill, *The New American Commentary: Acts*(Vol. 26) (Nashville: Broadman & Holman Publishers, 1992), 97-98. R.C.H. Lenski 는 "tongues resembling fire" 혹은 "firelike tongues"라고 번역한다. *The Interpretation of the Acts of the Apostles*(Mineapolis, MN: Augsburg Publishing House, 1961.58-59. B. Witherington, III은 "the divided tongues like fire"라고 번역한다. *The Acts of the Apostles: A Socio-Rhetorical Commentary* (Grand Rapids: Eerdmans, 1998), 132. 손석태 "성령세례 다시 생각한다,"『개신논집』 10(2010): 11-50. 참조.

"혀의 형태의 불"(the presence of the fire in the form of tongue) 이 임했다고 기술하고 있다.³ 그러나 이러한 이해와 번역은 옳지 않다. 여기서 언급된 불은 혀를 수식하는 그림 언어이다. 혀들이 임했는데 그 모습이 마치 타오르는 불과 같았다는 의미이다. 오순절에 불은 임하지 않았다. 마이어(Meyer)는 루터의 번역과 이해의 오류를 지적하며 다음과 같이 설명하고 있다.

> 들을 수 있는 표적(σημεῖον) 이후 바로 보이는 표적이 따랐다. 루터가 정확하지 못하게도, "마치 불과 같이 갈라진 혀들이 그들 위에 보였다." 그 어휘들의 의미는 다음과 같다. 그들에게 나타났다. 즉 그들에게 보였다. 혀들이 갈라졌다. 불과 같이, 즉 작은 불꽃처럼 나타난 혀들이 참석한 자들 위에(ἐκάθισε 이하를 보라) 나뉘어(행 2:45; 눅 22:17; 23:34) 임했다. 그리하여 그들은 혀의 모양이었고, 빛을 발하였다. 그러나 타지는 않았으며, 실제로 불로 구성된 것도 아니었다. 오직 불과 같았다(ὡσεὶ πυρός). 그

---

3 R. B. Gaffin, *Perspectives on Pentecost*(Philipsburg: P&R, 1978), 17-18.

리고 그것은 하나로 모아지지도 않았으며, 회중들 위에 여러 갈래로 나뉘었다. 오로지 불과 유사했으므로 전기현상과 비슷하였다. 그들의 혀 모양은 곧 바로 이어 시작된 기적적인 λαλεῖν(말하기)과 연관이 있는 것이며, 불과 같은 형태는 여기서는 전혀 특별한 모양으로 하나님의 출현을 묘사한 것이다(출 3:2). 그 전체의 현상은 하나님께서 자신을 영으로 나타내시는 하나님의 기적적인 작용으로 이해해야 한다. 그러나 앞서 하늘로부터 나온 소리로 성령의 오심은 신적인 것으로 알려졌으며, 성령의 유효성은 그를 그들의 마음에 받아들이는 자들에게 증대되었다.[4]

---

[4] "After the audible σημεῖον immediately follows the visible. Incorrectly Luther: "there were seen on them the tongues divided as if they were of fire." The words mean: There appeared to them, i.e. there were seen by them, tongues becoming distributed, fire-like, i.e. tongues which appeared like little flames of fire, and were distributed(2:45; Luke 22:17; 23:34) upon those present(see the following ἐκάθισε κ.τ.λ.). They were thus appearance of tongues, which were luminous, but did not burn; not really consisting of fire, but only ὡσεὶ πυρὸς and not confluent into one, but distributing themselves severally on the assembled. As only *similar* to fire, they bore an analogy to *electric* phenomena; their tongue-shape referred as a shmeivon to that miraculous λαλεῖν which ensued immediately after, and the fire-like form to the divine presence(comp. Ex. 3:2), which was here operative in a manner so entirely peculiar. The whole phenomenon is to be understood as a miraculous operation of God manifesting Himself in the Spirit, but which, as by preceding sound from heaven, the

한국의 『성경전서 표준새번역』은 "불길이 솟아오르는 것과 같은 혀들이 갈래갈래 갈라지면서 나타나더니..."라고 번역하고 있다. 불과 같이 갈라진 혀들이 그곳에 앉아 있는 각 사람들 위에 임한 것이다. 이 경우 갈라진 혀들이 각 사람(의 머리) 위에 닿아 있었다고 볼 수 있다(each person was touched with the divided tongues). 여기서 혀들이 보였다고 말할 때는 복수(ὤφθησαν) 동사로 기술되고 있으나 "각 사람들 위에" 임했다고 했을 때는 단수(ἐκάθισεν)를 쓰고 있는 것을 보면 혀들이 모든 사람 개개인을 접촉하고 있음을 보여 주고 있다.

셋째는 몸으로 느낄 수 있는 현상으로 제자들이 각기 다른 방언으로 말하기 시작한 것이다. 불과 같이 갈라진 혀들이 그들 위에 머물자 그들이 모두 성령으로 충만해졌고, 성령께서 말하게 하시는 대로 다른 방언들로 말하기 시작했다. 제자들은 자기들의 방언으로 말했지

---

effusion of the Spirit was made known as *divine*, and Spirit efficacy on the minds of those who were to receive Him was enhanced." H. A. W. Meyer, *Critical and Exegetical Handbook to the Acts of the Apostles,* Vol.1. P. J. Glog, Trans. W.P. Dickson, Ed.(Edinburgh T&T Clark, 1877), 60-61.

만 천하 각국에서 모여든 사람들은 각각 자신들의 본국 말로 들었다(행 2:4). 혀는 말하는 신체 기관이다. 머리에서 명하는 대로 혀는 소리를 내는 것이다. 마찬가지로 제자들은 자기들의 말을 한 것이 아니라 성령이 말하게 하시는 대로 각 나라의 방언으로 말을 했다. 따라서 제자들은 영이신 여호와의 혀와 같은 역할을 하는 자들이다. 구약성경에는 선지자들을 가리켜 "피 아도나이"(פי יהוה), 곧 "여호와의 입"이라고 지칭했다. 그렇다면 오순절에 제자들에게 임한 혀들과 구약성경의 여호와의 입으로서의 선지자들과 어떤 상관관계가 있는지, 또한 땅끝까지 이르러 그리스도의 증인이 되라는 사명을 부여받은 제자들에게 이 혀들이 임하고 방언을 하게 된 이유와 의미가 무엇인지를 살펴볼 필요가 있다.

제2장

선지자의 위임식

1. 여호와의 입, 대언자

구약성경에서 여호와께서는 선지자들을 그의 대언자로 세우시고 그를 통하여 말씀하신다. 이 대언자(the spokesman of God)가 바로 선지자이다. 따라서 선지자들을 가리켜 "하나님의 사람"(איש אלהים)[1], 혹은 "여호와의 입"(פי יהוה)[2]이라고 부른다. 여기서 "피 아도나이"(פי יהוה)는 주로 오경에서는 "여호와의 명령"(the commandment of

---

1 레 24:12; 신 8:3; 33:1; 삼상 9:7-8; 왕상 12:22; 13장; 14:21, 26, 31; 17:18; 왕하 1:12, 13; 4:7, 16, 21, 22, 25, 27, 40, 42; 5:8, 14, 15, 20; 6:6, 9; ... 렘 35:5; 스 3:2.

2 레 24:12; 사 1:20; 6:7; 40:5; 58:14; 62:2; 렘 5:11; 미 4:4.

the Lord, 민 3:16, 39; 4:37, 41; 9:23; 신 1:26), 혹은 "여호와의 말씀"(the Word of God, 민 3:16, 17, 51; 신 34:5; 왕상 13:21, 26)의 의미로 쓰이고 있다. 뿐만 아니라 "여호와 나의 하나님의 입(말씀)"(פי יהוה אלהי, 민 22:18), "여호와 너희 하나님의 입"(פי יהוה אלהיכם, 신 1:26; 9:23) 등으로도 사용되고 있다.

여호와께서는 선지자를 부르시고 그에게 그의 말씀을 주어 대언하게 하신다. 여호와의 부르심을 받은 모세가 자기는 입이 둔하고 혀가 무디기 때문에 여호와의 종이 되기 어렵다고 부르심을 사양할 때, 여호와께서는 "내가 네 입과 함께 하며 네게 말할 것을 너에게 가르쳐 줄 것이다"(출 4:12)라고 말씀하신다. 그럼에도 불구하고 모세가 그의 말씀을 받아들이지 않자 여호와께서는 그의 형 아론과 함께 가라고 명하신다.

> "네가 그에게 말하고 그 입에 할 말을 주어라. 내가 너의 입과 그의 입에 함께 하여 너희가 해야 할 것을 가르치겠다. 그가 너를 대신하여 백성에게 말할 것이니, 그는 너의 입이

되고 너는 그에게 하나님과 같이 될 것이다"(출 4:15-16).

계속하여 출애굽기 7:1에서는 "보아라, 내가 너를 바로에게 신과 같이 되게 하였으니 네 형 아론이 네 대언자(נביא)가 될 것이다. 내가 네게 명령한 모든 것을 너는 너의 형 아론에게 말하고 아론은 바로에게 말하여, 그가 이스라엘 자손을 그의 땅에서 내보내게 하라"고 말씀하신다. 이 말씀을 살펴보면 여호와와 모세와 아론과 이스라엘(혹은 바로 왕) 사이의 관계를 잘 알 수 있다. 하나님께서는 모세를 바로의 신으로, 아론을 모세의 대언자로 지명하시는데 "대언자"로 번역하고 있는 히브리어 "나비"(נביא)는 "선지자"(prophet)라는 말이다. 선지자는 하나님의 대언자(Spokesman of God)이다. 따라서 하나님께서는 그의 선지자와 함께 하시며, 그가 전할 말씀을 그의 입에 넣어 주시는 것이다. 선지자는 하나님의 입이 되는 것이다. 따라서 모세가 전해 주는 말을 바로 왕이나 이스라엘 백성에게 전해야 할 아론은 모세의 선지자가 되고, 모세는 아론에게 하나님같이 된다는 것이다. 마찬가지로 여호와께서는 하나님으로서 모세를 부르시고 그를 그의 선지자로 임명하시고, 그의 입에 그의 말씀을 넣어 주셔서 대언하게 하시는 것이다.

후에 여호와께서는 모세에게 선지자 제도를 말씀하시며, "내가 그들의 형제 가운데 그들을 위하여 너와 같은 선지자 하나를 세우고 내 말을 그의 입에 두겠다. 그러면 내가 명령한 모든 것을 그가 그들에게 말할 것이다"(신 18:18)라고 약속하신다. 이 말씀은 여호와께서 모세 이후에도 모세와 같은 선지자를 세우셔서 그를 통하여 계속 말씀하시겠다는 것이고, 모세와 같은 선지자란 모세 이후 하나님의 대언자 노릇을 할 그의 종들은 물론 대선지자(Great Prophet)이신 그리스도를 주실 것을 약속하신 말씀이다.[3] 이상을 종합해보면 여호와께서는 선지자를 세워 그의 말씀을 그들의 입에 넣어 주어 그를 위하여 대언하게 하시겠다는 것이다. 그렇다면 여호와께서는 선지자를 어떻게 세우시는가?

---

3 E. J. Young, *My Servants The Prophets*(Grand Rapids: Eerdmans, 1952), 29-35.

2. 선지자의 위임식

하나님께서 선지자를 불러 세우시는 목적은 그의 백성들에게 하나님의 말씀을 전하고 가르치게 하려는 데 그 근본적인 목적이 있다. 말씀으로 세상을 창조하신 하나님께서 그의 말씀을 불순종함으로 죄가 들어온 이 세상을 이제는 말씀을 통하여 구원하시려고 하시는 것이다(사 11:1-9; 2:2-5; 겔 47:1-12; 렘 31:31-34).[4] 물이 바다를 덮음같이 여호와의 지식이 충만한 세상을 이루어 더 이상 전쟁이 없는 평화로운 세상을 만드시려는 그의 종말적인 비전을 실현시키려고 하신 것이다. 그러기 위해서 하나님께서는 그의 말씀을 전하고 가르칠 그의 입, 곧 선지자가 필요했다.

여호와께서는 아담이나 노아에게도 그의 뜻을 말씀하여 주시고 그것을 다른 피조물들에게 알게 하는 선지자로서 역할을 하게 하셨지만 사람을 명시적으로 선지자라고 칭하시는 경우는 아브라함이 처음이다(창 20:7).

---

[4] 손석태, 『말씀과 구속사』(서울: RTS, 2011), 37-52.

모세 이후에도 여호와께서는 선지자를 불러 세워 그의 말씀을 그들의 입에 주시고 백성들에게 가르치도록 하시는데, 이 선지자를 부르시는 소명기사(Call Narrative) 가운데는 부르심을 받은 사람이 선지자로서 인정받기까지 거쳐야 할 몇 단계가 있다는 것을 보여 준다.[5]

첫째, 선지자로서 부르심을 받은 자는 세습제를 따르는 제사장과 달리 하나님을 만나는 경험이 필요하다. 이를 위하여 하나님께서는 부르심을 받은 선지자에게 나타나셔서 그의 이름을 부르시거나 초자연적인 이적과 표적을 보여 주셔서 그가 사람이 아닌 신적 존재, 곧 하나님을 만났다는 확신을 갖게 하신다. 특히 모세의 경우 여호와께서는 떨기나무 가운데로부터 나오는 불꽃 속에서 나타나셔서 모세를 대면하시고 그의 말씀을 대언할 선지자로 모세를 부르신다(출 3:1-6).

---

[5] 구약성경에 나타난 전형적인 소명기사는 (1) 하나님과의 만남, (2) 하나님의 사명 부여, (3) 선지자의 거절, (4) 하나님의 설득과 소명의 증거, (5) 하나님의 동행 약속 등으로 되어 있다. Peter Enns, *Exodus: The Application Commentary* (Grand Rapids: Zondervan, 2000), 113-20. N. Habel, "The Forms and Significance of the Call Narrative," *ZAW* 77(1965): 292-333. James Plastara, *The God of Exodus: The Theology of Exodus: Theology of Exodus Narrative* (Milwaukee: Bruce, 1966), 77-82. quoted in 손석태, 『목회를 위한 구약신학』(서울: CLC, 2006), 135n.18.

둘째, 여호와의 소명을 받은 예비 선지자는 자기의 약점이나 배경을 핑계하며 하나님의 부르심에 선뜻 응하지 않는다. 이때 여호와께서는 그를 달래며 그가 아브라함의 하나님, 이삭의 하나님, 야곱의 하나님이라는 자신의 정체를 밝히시고 앞으로 그를 통하여 하시고자 하는 일을 설명하며 백성들에게 전할 말씀을 주신다. 이때 여호와께서는 그 예비 선지자의 입에 손을 대신다. 선지자로 인을 치는 일종의 위임식을 행하시는 것이다. 여호와께서 예레미야의 입술에 손을 대시며, "보아라, 내가 내 말을 네 입에 두었다. 보아라 내가 오늘 너를 민족과 나라들 위에 세워, 네가 그것들을 뽑고 무너뜨리며, 멸망시키고, 파괴하며, 세우고 심게 하였다"(렘 1:9-10)라고 말씀하신다. 여호와께서는 예레미야의 입에 손을 대시며 말씀을 그의 입에 넣어 주신다. 그의 입에 손을 대시는 것은 "네 입이 내 입이다"라고 인치시는 일종의 위임식이라고 할 수 있다. 그리고 그를 열방들의 흥망성쇠를 주관하는 그의 종으로 세우셨음을 선언하신다. 말하자면 말씀의 종인 선지자로 세우신 것이다.

이사야는 하늘 보좌에 앉으셔서 뭇 천사들의 찬양과 영광을 받으시는 하나님의 모습을 보며 자신이 입술이 부정한 죄인임을 고백한다. 마치 모세가 떨기나무 가운데 나타나신 여호와를 뵙기가 두려워 그의 얼굴을 가렸던 것과 같은 두려움을 이사야도 가진 것이다. 그런데 이사야는 이 시점에서 왜 하필 자기 입술이 부정하다는 고백을 했을까?

아마도 여기에는 생략되었지만 이사야는 자기를 선지자로 부르시는 하나님의 의중을 파악하고 자기는 하나님의 입의 역할을 할 수 없다고 생각하여 조심스럽게 사양하는 말이라고 할 수 있을 것이다. 이때에 하나님의 천사가 제단에서 타고 있는 숯을 부젓가락으로 집어 들고 와서 그의 입술에 대며, "보아라, 이것이 네 입술에 닿았으니, 네 부정이 제거되었고 네 죄가 사해졌다"(사 6:7)고 말했다. 그때에 이사야는 "내가 누구를 보내며, 누가 우리를 위하여 갈까?"하는 하나님의 음성을 듣게 되고 "내가 여기 있나이다. 나를 보내소서"하는 응답을 하게 된다. 여기서 천사가 불에 단 숯을 화저로 집어 그의 입술에 댄 일이 단순한 정결예식으로만 볼 수는 없다.[6] 인접 본문을 살펴볼 때, 본문은 여호와께서 이사야를 선지자로 부르시는 소명기사이다. 죄인이 하나님 앞에 설 때 먼저 죄를 씻어야 하는 것은 당연한 절차이다. 더더구나 선지자의 입은 백성들의 입과 같이 부정해서는 안 된다. 하나님의 말씀을 증거해야 할 선지자는 그의 입술이 정결해야 한다. 따라서 이사야의 입술에 여호와께서 그의 화저를 댄 것은 이중적인 의미가 있다고 볼 수 있다. 정결의식과 더불어 "네 입이 내 입이다"라고 하는 위임과 인침이다. 그리고 하나님께서는 "내가

---

6 존 왓츠는 이것을 하나님께서 이사야에게 하나님께서 주재하시는 어전회의에서 말할 자격을 부여하는 정화의식이며, 이는 성전에 들어가는 데 필요한 제사의식들과 유사하다고 말한다. 그러나 이것을 어전회의에서 말할 자격을 부여하는 것이라고 말하기보다는 하나님의 말씀을 전하는 선지자로서의 자격을 부여하고 인증하며 파송하는 의식으로 요사이 같으면 대통령이 임지로 떠나는 대사에게 임명장을 주는 것과 같다. 이 점에 대하여 H. Horst는 선지자가 하나님의 보좌 앞에서 행해지는 토론이나 결정 과정을 환상을 통해 경험함으로 하나님에 대한 지식을 알게 되고 비범하고 저항할 수 없는 선포를 하라는 요구의 권능을 받는다고 말하고 있는데 오히려 타당한 주장이다(사 1-33장). *Word Biblical Commentary* 24. 강칠성 옮김(서울: 솔로몬, 2002), 176. John N. Oswalt, *Isaiah. The NIV Application Commentary*(Grand Rapids: Zondervan, 2003), 129-30. Alec Motyer, *The Prophecy of Isaiah: An Introduction & Commentary*(Downers Grove: IVP, 1993), 77-78. F. Horst, "Die Visionschilderungen altestamentlichen Propheten," *EvT* 20(1960): 173. quoted in 손석태, 『말씀과 구속사』, 120-121.

너와 함께 하겠다"는 약속과 더불어 그를 그의 백성에게 보내신다(출 3:12; 렘 1:19; 마 28:20).

이사야뿐만 아니라 에스겔의 경우도 같다. 에스겔은 우주 공간에 떠있는 빛나고 장엄한 성전에서 바퀴와 날개가 달린 생물 보좌 위에 앉으신 여호와의 광채로부터 그를 부르는 음성을 듣는다. 이스라엘 족속은 여호와를 반역하였으나 여호와께서는 그들이 듣거나 말거나 선지자를 보내어 그들 가운데 선지자가 있음을 알게 하겠다고 말씀하시며 에스겔에게 말씀을 보내 주시려고 하신다.

> "인자야, 네가 발견한 것을 먹어라. 네가 이 두루마리를 먹고 이스라엘 족속에게 가서 말하여라" 하시므로 내가 입을 벌리자, 그분께서 두루마리를 내게 먹이시고, 내게 말씀하시기를 "인자야 내가 네게 주는 이 두루마리를 네 배로 먹이고, 네 창자에 채워라" 하시기에 내가 먹으니 그것이 내 입에 꿀같이 달았다(겔 3:1-3).

여호와께서는 에스겔의 입에 직접 그의 말씀이 쓰여져 있는 두루마리를 먹여 주시는 것을 볼 수 있다. 여기서 "입"이라는 말로 히브리어는 "페"(פה)를 사용하고 있다. 하나님께서 선지자를 부르실 때 그의 입술에 직접 손을 대시거나 화저를 대시거나 아니면 직접 말씀 두루마리를 입에 넣어 주시는 행위는 다같이 그가 부르신 사람을 그의 말씀을 대언할 선지자로 임명하고 인치신 행위라고 할 수 있다.

셋째, 이제 선지자로서 직분을 위임받은 자는 성전이나 성문에 나아가 "들으라 이스라엘아, 여호와의 말씀이 이러하다"고 외쳐야 한다. 그러나 사람들은 그의 외침을 여호와께서 주신 말씀이라고 즉시 믿지는 않을 것이고, 또한 그를 여호와께서 보낸 사람이라고 받아들일 수 없을 것이다. 이 경우 그는 그가 하나님의 사람이라는 것을 증명해야 한다. 그러기 위해서는 그가 전한 말씀이 당장 이루어지든지 아니면 그도 하나님의 사람으로서 죽어가는 사람을 살린다든지, 병자를 고친다든지, 초자연적인 능력과 이적을 보여 그가 하나님의 권능을 가진 자라는 것을 보여 주어야 한다. 그때 사람들은 그의 선지자로서의 신분과 권위를 인정하고 그가 전하는 말을 하나님의 말씀으로 받아들일 것이다.

구약성경에서 선지자들의 역할은 일반적으로 하나님의 말씀을 받아 그것을 이스라엘 백성들에게 전하거나 가르치는 일을 했다. 그들이 전할 말씀은 그들이 하나님과 맺은 언약을 깨트린 반역에 대한 다가올 언약적 저주와 심판, 그리고 심판 후에 이루실 새 이스라엘에 대한 소망이 주된 내용이었다. 여호와께서는 물이 바다를 덮음같이 여호와의 지식이 충만한 세상을 이루고자 그것을 예고하시고, 준비하신 것이다.

제3장

대선지자, 예수 그리스도

신약성경은 대선지자, 그리스도의 오심으로부터 시작된다. 말씀이신 하나님께서 물이 바다를 덮음같이 여호와의 지식이 충만한 세상을 이루시고자 육신의 몸을 입고 예수님으로 이 땅에 찾아오신 것이다(요 1:1-14). 말씀이신 하나님께서 이 땅에 오신 목적은 그가 직접 말씀을 전하고 가르치시고자 한 것이다. 말하자면 여호와께서 모세에게 약속하셨던 선지자적 사명을 가지고 오신 것이다(신 18:18). 예수께서 새벽 미명에 그를 찾아온 무리를 뒤로하고 떠나시며 "다른 이웃 마을들로 가자. 내가 거기서도 복음을 선포하리니 이를 위하여 내가 왔다"(막 1:38)고 하신 말씀을 보면 이 사실을 확인할 수 있고, 그의 복음사역 중에서 말씀 전하는 일에 최

우선 순위를 두고 계신 것을 알 수 있다. 그리고 예수께서는 올리브 산에서 제자들을 위한 마지막 기도를 하시며, 그의 그동안의 복음사역을 하나님께 보고하는데, "나는 아버지께서 내게 주신 말씀을 그들에게 주었고, 그들은 받았습니다"(요 17:8)라고 말씀하신다. 예수께서는 그의 공생애가 제자들에게 하나님의 말씀을 전하여 준 선지자적 생애였음을 아뢰고 있는 것이다. 그런데 예수께서 이처럼 말씀을 전하고 가르치는 선지자적 사명을 시작함에 있어서 요한에게 세례를 받으시고, 동시에 하늘로부터 성령이 비둘기같이 임하는 것을 경험하신다. 공관복음이 다 같이 기술하고 있는 이 예수님의 세례사건에 대하여 대부분의 학자들은 이것이 메시아의 위임식이라고 규정한다.[1]

---

[1] Craig L. Bloomberg를 비롯한 많은 학자들은 마태복음 2:15의 예수께서 세례받고 성령받은 사건을 시편 2편의 왕의 대관식과 같은 예수님의 메시아로서의 위임식 혹은 취임식(as in the royal enthronement context of Ps 2, what appears here is a formal installation and commissioning)으로 이해하고 있다. *The New American Commentary: Matthew*, 82. Cf. Donald A. Hagner, *Word Biblical Commentary: Matthew 1-13*, 58. 그러나 Unger는 성령세례는 그리스도의 제사장직에 대한 헌신을 위한 것이라는 의견을 내놓았다. 예수께서는 성령세례를 받을 때에 선지자, 제사장, 왕의 포괄적인 삼중직을 받았으며, 이 가운데 죄를 없이하는 대제사장직이 구속사역의 핵심이라고 주장한다. Merill F. Unger, *The Baptism & Gifts of the Holy Spirit*(Chicago:

여기서 중요한 점은 예수께서 선지자로서 말씀사역을 시작함에 있어서 물세례를 받으시고 이때에 성령이 임하셨다(성령세례를 받으셨다)는 것이다. 이는 분명 말씀의 사역자로서 하나님의 인치심과 인증을 받은 것이라고 말할 수 있을 것이다. 특히 누가복음은 다음과 같이 기술한다.

"예수께서 세례를 받고, 성령이 충만한 가운데 마귀의 시험을 이기신 후, 예수께서 성령의 능력을 입고 갈릴리로 돌아가시니, 그분에 대한 소문이 온 주변 지역에 두루 퍼졌다. 예수께서 그들의 회당에서 가르치시고 모든 이들로부터 영광을 받았다"(눅 4:14-15)

예수께서는 세례를 통하여 능력을 받으시고, 마귀의

Moody Press, 1974), 51-52. 그러나 구속사역의 중심이 그리스도의 대속적 헌신이라 할지라도 그것을 설명해 주고 가르쳐 줄 선지자가 없다면 그의 죽음과 부활은 죄인들에게는 감추어진 사건이고, 복음을 듣지 못하는 죄인들은 여전히 죄 가운데 머물러 있을 것이다. 예수 그리스도의 죽음과 부활이 단번의 역사적 사건이지만 그 효력을 전하고 가르쳐 물이 바다를 덮음같이 하나님을 아는 지식이 이 세상에 넘치게 하여 모든 사람이 하나님을 아는 세상을 만드는 일은 선지자의 일이다. 예수님의 지상 사역은 선지자로서 말씀을 가르치고 제자를 양성하는 일이 거의 전부였다.

시험을 이기신 후, 선지자로서의 사명인 말씀 가르치는 일을 하셨으며, 모든 사람들로부터 영광을 받으셨다. 여기서 영광을 받으셨다는 말은 하나님의 종으로서의 모습을 드러냈다. 그리하여 선지자로서 칭찬받고 인정받으셨다는 의미이다. 말하자면 선지자로서 인정을 받았다는 것이다.[2] 우리는 이 구절에서 예수님의 세례받으심과 복음사역은 일련의 연관관계가 있음을 짐작할 수 있다. 예수께서도 선지자적 사명을 수행하는 데 있어서 위로부터 하나님의 인치심과 인증이 필요할 뿐만 아니라 백성들의 긍정적인 반응이 동반되었어야 한다는 것이다.

바리새인들과 서기관들이 예수님을 괴롭혔던 것이 바로 이 점이다. 예수께서 가르치실 때나 의미 있는 이

---

[2] Dunn은 예수께서 선지자로 알려졌다는 사실을 첫째, 예수께서 자신의 살아 생전에 사람들로부터 선지자로 알려져 있었으며(막 6:15; 8:28; 14:65; 마 21:11, 46; 눅 7:16, 39; 24:19), 둘째, 예수께서 세례를 받고 하나님의 영으로 능력을 덧입은 사건을 통하여 자신을 스스로 선지자로 간주했으며(막 6:4; 마 23:31-36; 눅 11:47-51; 13:33-34), 셋째, 예수께서 그가 선포한 말씀이나 당시 유대인들의 형식주의에 대한 반응, 그리고 가난한 자들을 향한 복음사역 등을 통하여 그의 선지자적 사명이 나타났다고 주장한다. James D. G. Dunn, *Jesus and the Spirit* (Grand Rapids: Eerdmans, 1975), 82-83.

적을 보이실 때면 그들이 나타나 예수님의 신분과 능력과 권위의 출처를 물었다. "당신이 무슨 권세로 이것들을 하는 것이오? 누가 당신에게 이것들을 할 권세를 주었소?"(막 11:28; 마 21:21-27; 눅 20:1-8)라고 물어 예수님의 권위의 원천에 대하여 묻든지 아니면 "당신이 이 일들을 행하는데 우리에게 무슨 표적을 보여 주겠는가?"(요 2:18)라고 물음으로 하나님으로부터 보냄 받은 자로서의 표적을 요구하였다. 물론 예수께서는 이들의 요구에 대하여 명확한 답변을 하신 적은 없고 다만 사람들이 성경이나 그의 가르침과 하시는 일을 통해서 스스로 깨닫고 믿기를 바라셨다.

그러나 제자들의 경우는 달랐다. 예수께서는 그의 복음사역 초기에 제자들을 선발하여 특별 훈련을 시키셨다.

> "이는 그들로 자기와 함께 있게 하시고, 또한 그들을 보내어 복음을 선포하게 하시며, 악령을 쫓아내는 권위를 가지게 하려는 것이었다"(막 3:15).

선지자적 사명을 주시려고 한 것이다. 그리고 예수께서 죽고 부활하신 후에도 제자들에게 같은 선지자적 사명을 주시어(마 29:16-20), 그에게 배운 모든 것을 가르치고 지키게 하시려는 일관된 목적을 가지고 계신 것을 볼 수 있다. 예수께서는 그가 올리브 산에서 제자들을 위하여 기도하시는 가운데 "아버지께서 나를 세상에 보내신 것같이 나도 그들을 세상에 보내었습니다"(요 17:18)라고 말씀하신 것과 같이 제자들과 함께 하시며 그들을 훈련시켜 세상에 내보내시려는 것이 제자들을 선택하시고 세우신 목적이었다.

이 같은 사실을 염두에 두고 생각해보면 예수님 승천 후 제자들이 예수께서 주신 사명을 수행하기 위해서는 이들에게도 역시 신적 권위와 능력이 필요했다는 것을 알 수 있다. 이러한 필요와 상황의 연속선 상에서 예수께서는 제자들에게 보혜사($παράκλητος$)를 보내 주시겠다는 약속을 하신다(요 14:16-17). 이 말은 영역본에서는 "돕는 자"(helper), 혹은 "상담자, 옹호자, 변호자, 대변인" 등의 뜻을 가진 counselor나 advocate 등으로 번역하고 있다. 보혜사는 제자들과 영원히 함께 계시는 진리의 영, 곧 성령이다(요 14:16, 26). 그는 하나님 아버지께서 예수님의 이름으로 보내실 분인데, 제자들은 그 안에, 그는 제자들 안에 계실 것이며, 제자들에게 모든 것을 가르치고, 예수께서 가르치신 모든 것을 생각나게 하실 것이다(요 14:20, 26). 그래서 보혜사는 궁극적으로 제자들이 예수님을 믿도록 하며, 예수님을 증거하고 대언하는 일을 하신다(요 14:29). 보혜사는 제자들이 선지자적 사명을 수행하도록 돕는 자이다. 보혜사는 기본적으로 제자들의 선지자적 사명과 관계가 있다. 보혜사는 제자들의 중생이나 성화와 같은 개개인의 구원사역보다는 이미 구원 받은 제자들이 말씀의 대언자, 혹은 그리스도의 증인으로서 활동하는 데 있어서 후원자 혹은 감독자(supervisor)로서의 역할을 하는 신적 존재(Divine Being)이다.

예수께서는 일찍이 제자들을 부르시고 이들 72명을 내보내어 전도활동을 하게 하신다. 이들은 나가서 병자들을 고쳐 주고 "하나님의 나라가 가까웠다"는 것을 알

렸다(눅 10:9-10). 칠십이 명이 돌아와서 주의 이름으로 악령들이 복종하는 것에 대해 아주 감격스러운 보고를 하자 예수께서는 "내가 사탄이 하늘에서 번개처럼 떨어지는 것을 보았다. 보아라. 내가 너희에게 뱀과 전갈을 밟고 원수의 모든 능력을 제압할 권세를 주었으니, 아무것도 너희를 결코 해치지 못할 것이다"(눅 10:18-19)라고 말씀하신다. 예수께서 이미 이들에게 복음사역을 방해할 원수의 모든 능력을 제압할 권세를 제자들에게 주셨다는 것이다. 보혜사의 역할을 하신 것이다. 그러나 예수께서 이들과 함께 하지 못할 그의 죽음 이후에는 "다른 보혜사"가 제자들에게 권세와 능력을 주는 이 역할을 하게 될 것이다(요 14:16). 권위는 대개의 경우 권세와 함께 쓰이는 말로 능력이 뒷받침이 되어야 권세가 생긴다. 따라서 권세와 능력은 교환 사용되거나 병행해서 사용되는 경우가 많다. 요한일서 2:3에 "변호사"(『바른성경』) 혹은 "대언자"로 번역하고 있는 헬라어는 요한복음에서 "보혜사"로 번역하고 있는 "파라클레토스"(παράκλητος)이다. 따라서 "만일 누가 죄를 지으면 아버지 앞에서 보혜사가 계시니, 곧 의로우신 예수 그리스도이시다"라는 구절에서 예수께서 보혜사이시라면, 예수께서 주시겠다고 약속하신 "다른 보혜사"는 성령을 의미하는 것이다.

제4장

제자들을 선지자로 세우시는 예수님

부활하신 예수께서는 제자들에게 나타나셔서 그들의 눈과 성경과 마음을 열어 주셨다(διανοίγω, 눅 24:31, 32, 45). 그리고 그들에게 말씀하셨다.

"예수께서 그들에게 말씀하셨다. '이렇게 기록되어 있다. 그리스도가 고난을 당하고 제삼일에 죽은 자들로부터 부활할 것과 또 그분의 이름으로 죄 용서를 위한 회개가 예루살렘으로부터 시작하여 모든 민족에게 전파될 것이다. 너희는 이것들의 증인이다'"(눅 24:46-48).

그리스도의 대속적인 죽음과 부활과 죄 용서를 위한 회개가 모든 민족에게 전파될 것이고, 제자들은 이 일을 증거하는 사람이 된다는 것이다. 예수께서는 제자들을 이 일의 증인으로 임명하신 것이다. 마태는 이 일을 좀 더 체계적이고 신학적으로 기록하고 있다.[1]

> "예수께서 다가와 그들에게 말씀하셨다. '하늘과 땅의 모든 권세를 나에게 주셨으니 그러므로 너희는 모든 민족에게 가서 그들을 제자로 삼아라. 아버지와 아들과 성령의 이름으로 세례를 주고, 내가 너희에게 명령한 모든 것을 그들에게 지키도록 가르쳐라. 보아라, 내가 세상 끝날까지 항상 너희와 함께 있을 것이다'"(마 28:18-20).

여기서 예수께서는 하늘과 땅의 권세를 가지신 하나님으로 자신을 소개하시며 모든 민족을 제자 삼으라고 명하신다. 여기서 주동사는 "제자 삼으라"($\mu\alpha\theta\eta\tau\epsilon\acute{\upsilon}\sigma\alpha\tau\epsilon$)

---

[1] John Nolland, *The New International Greek Testament Commentary: The Gospel of Matthew* (Grand Rapids: Eerdmans, 2005), 1261.

는 명령형이며, 이를 수식하는 "가다"(πορευθέντες), "세례를 주다"(βαπτίσζοντες), "가르치다"(διδάσκοντες)라는 세개의 분사형으로 이루어진 문장이다. 따라서 예수님의 제자들은 가서 세례를 주고 가르침으로 제자를 삼으라는 것이다. 그리고 예수께서는 세상 끝날까지 그들과 함께 하시겠다는 약속을 주신다. 부활하신 예수께서 그의 제자들에게 나타나시어, 하나님으로서의 예수님의 자기 소개, 제자들의 사명, 그리고 그들과 함께 하시겠다는 약속으로 이루어진 이 명령은 구약성경에서 하나님께서 선지자를 불러 사명을 주어 내보내시는 소명기사(Call Narrative)와 그 양식이 완전하게 일치하는 것은 아니지만 상당 부분 병행적임을 알 수 있다(출 3:1-4:16; 삿 6:11-27; 사 6:1-13; 렘 1:4-10).[2]

그렇다면 부활하신 예수께서는 하늘과 땅의 모든 권세를 가지신 하나님으로 나타나시어 그의 제자들을 선지자로 임명하고 계시는 것이다. 구약성경의 선지자를

---

2 D. A. Hagner, *Word Biblical Commentary, Volume 33b: Matthew 14-28*(Dallas: Word, 1998), 883.

옛 언약의 선지자(Old Covenant Prophet)라면, 예수님의 제자들은 예수님의 오심으로 시작된 새 시대의 새 언약의 선지자(New Covenant Prophet)라고 할 수 있을 것이다. 새 언약의 선지자로서 예수님의 제자들은 하나님의 구속사 가운데 하나님의 말씀을 대언하는 역할을 하는 구 언약의 선지자들의 역할을 이어받는 계승자들로 세우심을 받은 것이다. 따라서 부활하신 예수께서 제자들을 불러 역사적이고 세계적인 사명을 주시는 이 사건은 새 언약의 선지자, 곧 새로운 "하나님의 입"을 임명하고 세우시는 사건이다. 예수께서 선지자를 임명하셨으므로 이들에게는 선지자적 권위와 능력을 동반하는 하나님의 인침이 필요했다. 따라서 예수께서는 제자들에게 보혜사를 약속하셨고, 오순절에 성령을 보내신 것이다.

예수께서는 성령을 보내시기 직전에 제자들에게 "요한은 물로 세례를 주었지만 너희는 여러 날이 지나지 않아 성령으로 세례를 받을 것이다"(행 1:5)라고 말씀하셨다. 이 사건을 성령세례로 언급하고 있다. 또한 이 성령세례를 요한의 물세례와 비교하신다. 이는 아마도 예수님 자신이 받은 세례와 성격상의 연속성을 가르치고자 하신 것 같다. 예수께서는 요한에게 물세례를 받을 때 성령을 함께 받으시고 복음사역을 시작하셨다. 마찬가지로 새로운 복음사역을 시작해야 할 제자들도 성령으로 세례를 받는 것이다.

따라서 성령세례는 부르심 받은 선지자들에게 신적 권위와 능력을 부여하고 성령으로 인치시는 예식인 것이다. 일종의 선지자 안수식이라고 할 수 있다. 오순절에 많은 혀들이 나타나 제자들이 방언한 것은 마치 하나님께서 예레미야나 이사야에게 "너는 내 입이다"라고 손을 그들의 입에 대신 것과 같이, 하나님께서 제자들의 입에 "너희는 내 입이다"고 안수하시고 제자들은 성령의 인도하심을 따라 방언을 한 것과 같다. 입은 자의로 말할 수 없다. 입은 소리를 내고 말을 하는 몸의 지체들 중의 하나이다. 혀는 머리에서 명하는 대로 소리를 내고 변별력있는 언어를 토해낼 뿐이다. 마찬가지로 예수님의 제자들도 하나님의 입으로 "성령께서 말하게 하시는 대로 다른 방언을 말하기 시작하였다"(행 2:3).

여기서 입과 혀를 일부러 구분할 필요가 없다. 다윗은 그의 선지자적 역할을 언급하는 가운데, "여호와의 영이 나를 통하여 말씀하시고, 그분의 말씀이 내 혀에 있다"(רוח יהוה דבר־בי ומלתו על־לשוני, 삼하 23:2)고 말하고 있는데 성령과 말씀과 혀의 관계를 잘 보여 주고 있다.[3]

여기서 다윗은 하나님의 말씀을 대언하는 신체의 기관으로 입을 대신하여 혀를 언급하고 있다. 성경에서 입과 혀는 동의어로 사용되고 있음을 알 수 있다.

우리는 여기서 성령세례를 받은 제자, 베드로는 자기들이 세례받고 성령받은 사실을 어떻게 이해하고 있는가를 살펴볼 필요가 있다. 베드로는 자기들을 술 취한 자들이라고 조롱하는 자들에게 자기들이 술 취한 것이 아니라 그들이 죽인 나사렛 예수께서 부활하셔서 하나님으로부터 성령을 받아 자기들에게 부어주심을 통하여 하나님의 선지자가 되었기 때문이라는 것을 변증하고 있다. 따라서 베드로의 사도행전 2:14-39에 이르는

---

3 Robert D. Bergen, *The New American Commentary: 1,2 Samuel.* 465-66.

긴 진술의 중심 주제는 엄격하게 말하면 예수님의 부활이 아니고 자신들이 선지자라는 것을 입증하는 자기 변증인 것이다.[4] 이를 위하여 베드로는 요엘서의 예언을 인용하고 있다.

요엘은 하나님께서 마지막 날에 모든 사람들에게 그의 영을 부어 주시어 예언을 하며, 환상도 보고, 꿈도 꾸게 한다는 것이다(욜 2:28; 행 2:17). 또한 남종과 여종들에게도 그의 영을 부어주신다고 예언하고 있다(욜 2:28-29). 이 예언은 여호와께서 모세를 통하여 주신 하나님의 세계적이고 종말적인 소망을 기록한 민수기의 말씀을 해석하여 인용한 것이다(민 11:24-30). 여호와께서 자기를 돌로 치려 하는 이스라엘 백성을 혼자 돌보기에

---

4 그러나 많은 학자들은 C. H. Dodd가 주장하는 대로 이것이 사도행전에 나타난 설교들 가운데 6가지의 전형적인 요소와 양식을 갖춘 예수님의 죽음과 부활을 변증하는 신학적인 설교라고 인식하고 있다. C. H. Dodd, "*The Apostolic Preaching and its Development*, London, 1944, 21-4) quoted in *A Critical and Exegetical Commentary on the Acts of the Apostles*, Vol.1(Edinburgh: T&T Clark, 2004), 130-132. 그러나 베드로 설교의 문예적 구조를 통해서 볼 때 예수님의 죽음과 부활은 자신들을 선지자로 인친 성령의 정체를 설명하는 데 있어서 필요로 하는 요소이다. 즉 자기들은 성경대로 부활하신 예수께서 하나님으로부터 받아 보내 주신 성령의 인침을 받아 새 언약의 선지자가 되었고 이를 인증하기 위하여 자기들로 방언을 하게 했다는 것을 말하고 있다.

는 짐이 너무 무겁다고 불평하는 모세를 위하여 70인의 장로들을 그의 동역자로 세우시며 예언을 하게 하신다(민 11:14-15, 24). 그런데 하나님의 부르심을 받아 명부에 기록되었음에도 불구하고 그들과 함께 하지 않고 장막에 머물고 있던 두 사람도 예언하는 것을 보고 이들이 예언하지 못하게 제어하고자 하는 여호수아를 말리며, "네가 나를 위하여 질투하느냐? 여호와께서 그분의 영을 모든 백성에게 주셔서 모두 선지자가 되게 하셨으면 좋겠다"(민 11:29)고 말한다.

민수기 11:25을 보면 여호와께서 모세에게 임한 영을 이스라엘 장로들에게도 주시자, "그 영이 그들 위에 머물 때에 그들이 예언하였으나 다시는 하지 않았다"고 했다. 우리는 여기서 그들이 예언을 어떻게 했는지 알 수 없으나 모세에게 주셨던 여호와의 영이 그들 위에 머물러 있는 동안은 예언을 했다고 했다. 여호와께서는 모세와 같은 영을 주심으로 그들이 모세와 같은 하나님의 부르심을 받은 하나님의 종이요 모세와 같은 일을 해야 할 동역자임을 인식시키는 것이다. 그들의 예언은 이후 지속적인 것이 아니었다. 그들의 예언은 일회성의 특별한 목적으로 주신 것이다. 사람들은 그들이 예언하는 것을 보고 그들이 하나님의 사람으로 자기들과는 다른 사람들이라는 것을 인지했을 것이다. 여호와의 영은 그 70명을 모세의 동역자로 세우고 임명하는 일을 하신 것이다.

그런데 모세는 이 때 예언하는 자를 선지자로 칭하고 있으며, 여호와께서 그의 영을 그의 모든 백성(כל-עם יהוה)에게 주셔서 모두 선지자(נביא)가 되었으면 좋겠다고 말한다(민 11:29). 이 사건은 백성을 인도하는 지도자로서 짐이 무거워 힘들어하는 모세에게 하나님께서 그의 동역자들을 세우시고 모세에게 주셨던 그의 영을 그들에게도 보내어 예언을 하게 하심으로 그들을 모세와 같은 선지자요 동역자로 세우신 사건을 기록하고 있는 것이다.

요엘 선지자가 말하는 마지막 날에 있을 일도 바로 이 사건과 그 성격이 유사하다. 다만 모세가 말한 "주의 모든 백성"을 요엘은 "모든 육체"에게 여호와께서 그의 영을 주셔서 예언하게 할 것임을 말한다. 여기서 모든 육체라는 어휘는 인종과 계급을 초월한 남녀노소 모든 사람들을 가리키는 어휘로 쓰이기 때문에 요엘의 예언은 이스라엘의 경계를 넘은 세계적이고 역사적인 의미를 담은 예언이라고 할 수 있다. 따라서 요엘의 예언도 하나님께서 모든 사람에게 그의 영을 주어 선지자로 세우시겠다는 것이다. 그렇다면 요엘의 예언이나 모세의 예언은 다 같이 하나님의 영을 받아 예언하는 선지자들을 세우는 일, 곧 선지자의 임직에 대한 예언적 약속의 말씀이다.

베드로는 이 구약성경을 인용하며 이 예언이 이루어졌다고 말한다. 여기서 주목되는 점은 베드로가 사도행전 2:18에서 요엘서를 인용하며 여호와께서 남종과 여종에게도 그의 영을 부어 "그들이 예언할 것이다"는 구절을 덧 붙이고 있다는 점이다. 종들이 단순히 여호와의 영을 받는 것이 아니라 예언하는 선지자로서의 직분을 받는다는 점을 강조한다. 그리고 여호와의 영을 받아 자기들에게 준 예수라는 분이 누구인지를 설명하고 있다(행 2:22-36). 이스라엘 사람들은 하나님께서 보낸 예수님을 죽였지만 하나님께서는 선지자 다윗을 통해 말씀하신 대로 그를 죽은 자들 가운데 살려 주와 그리스도가 되게 하셨다는 것이다.

그러므로 본문의 구성상 베드로가 말하고자 하는 요점은 자기들이 요엘 선지자의 예언대로 부활하신 예수께서 하나님으로부터 받은 성령을 자기들에게 부어 주시어 그들이 선지자로서 예언하고 있다는 것이다. 따라서 베드로의 긴 연설의 주 목적은 베드로와 제자들이 예수님의 부활이 핵심이 아니고, 베드로와 제자들이 모세나 요엘이 성경에 약속했던 그 선지자들이라는 것을 변증하는 것이다.

이 베드로의 말을 들은 예루살렘 사람들은 "우리가 무엇을 하여야 합니까?"(행 2:37)하는 반응을 보이는데 이는 그들이 베드로를 하나님의 선지자로 인정한 것이다. 따라서 베드로 변증의 핵심은 예수 그리스도의 부활도 아니고 그렇다고 이방인들의 개종이나 새 시대의 도래를 알리는 선언도 아니다.[5] 예수께서 선지자로 세우

---

5 Robert P. Menzies, *The Development of Early Christian Pneumatology*

신 자기들을 하나님께서 성령으로 인치셨다는 것이다.

이 같은 베드로의 변증 본문 구조를 염두에 둔다면 오순절의 성령세례는 제자들이 새 언약의 선지자로서의 직분을 받고, 성령의 인치심을 받은 사건이다. 따라서 성령세례는 본질적으로 우리 죄인들을 위한 중생이나 성화를 목적으로 주어진 것이 아니라 땅끝까지 이르러 세상 끝날까지 하나님의 말씀을 증거할 예수님의 제자들을 하나님의 입, 곧 선지자로 세우시고 이들에게 신적 권위와 능력을 부여하며 인을 치신 사건이다.[6] 여기서 "인치다"는 말은 성경에서 "스프라기조"(σπραγίζω)라는 말을 번역한 것인데, 사람의 신분이나 정체를 확인하기 위하여 도장을 찍는다(to mark [with as a seal] to identify)는 의미로 쓰인 말이다.

따라서 "인자가 이 양식을 너희에게 줄 것이니 이는 아버지 하나님께서 그분에게 인치셨기 때문이다"(요

(JSNT 54. Sheffield: JSOT Press, 1991), 224-229. William P. Atkinson, *Baptism in the Spirit: Luke-Acts and the Dunn Debate*(Eugene: Pickwick Publication, 2011), 52-53.

6 G. S. Keener, *3 Crucial Questions about the Holy Spirit*(Grand Rapids: Baker, 1996), 77.

6:27)라는 구절에서 인쳤다는 말은 하나님께서 그의 아들을 그의 백성에게 영생하도록 있는 양식, 곧 말씀을 주는 자로 도장을 찍어 신분을 확정했다는 의미이다. 사도 바울은 고린도 성도들에게 다음과 같이 말한다.

> "너희와 함께 우리를 그리스도 안에서 견고하게 하시고 또 우리에게 기름부어 주신 분은 하나님이시다. 하나님께서 우리를 인치시고 보증으로 성령을 우리 마음 속에 주셨다"(고후 1:21-22).

여기서 "견고하게 하다"는 말은 헬라어 "베바이온"(βεβαιῶν)을 번역한 것으로 "세우다"(establish), 혹은 "확증하다, ...이 유효함을 증명하다"(confirm)는 의미로 사용되는 법정용어(juristic terminology)이다.[7]

기름 붓는 것은 구약성경에서 왕이나 제사장을 세우고 위임할 때에 제사장이 하나님을 대신하여 그의 신분

---

[7] Harris Murray, *The New International Greek New Testament Commentary: The Second Epistle to the Corinthians* (Grand Rapids: Eerdmans, 2005), 205.

을 확증하는 상징으로 머리에 기름을 붓는 행위를 말한다(삼상 10:1; 16:13; 왕상 1:39). 마찬가지로 사도 바울은 하나님께서 자기와 고린도 성도들을 그의 종으로 세우셨는데 이를 보증하는 도장으로 그들의 마음속에 성령을 주셨다는 것이다.

따라서 기름을 붓는 행위나 성령의 인침은 다 같이 하나님께서 그의 일꾼을 세우시고, 그의 신분을 확증하고 보증하는 행위이다. 히브리서 저자는 복음의 일꾼들이 행하는 이적이 복음의 일꾼 됨을 확증하는 증거임을 설명하며, "하나님께서도 표적들과 놀라운 일들과 여러 가지 기적들로 함께 증언해 주셨고 또한 성령께서도 자기의 뜻을 따라 나눠주신 것들로 증언해 주셨다"(히 2:4)고 말한다. 제자들이나 사도들 가운데 일어나는 표적들과 놀라운 일들과 기적들은 다 같이 이를 행하는 자가 하나님께서 쓰시는 종이요 일꾼임을 인증하는 것이다(고후 12:12; 롬 15:19).

오순절에 제자들이 성령을 받고 방언한 사건도 하나님께서 제자들을 그의 선지자로 세우시고 인을 쳐서 그가 쓰시는 일꾼임을 증언하는 것이다.[8]

---

[8] Vern Poythress, "The Baptism of the Holy Spirit - What does it mean?" in *Torch and Trumpet* 19/2(Feb, 1969): 8-10; 19/3(mar. 1969):18-19; 19/4 (Apr. 1969): 7-9 by Reformed Fellowship, Inc.

제5장

새 언약의 선지자들의 활동

말씀이 육신이 되신 예수께서는 지상에서의 말씀사역을 마치고 최후의 만찬 석상에서 제자들에게 그의 살과 피를 상징하는 떡과 포도주를 나눠 주시며 새 언약을 맺으셨다(마 26:26-30; 막 14:22-26; 눅 22:14-20). 그리고 십자가에서 죽고 부활하신 후 제자들을 불러 세우시고 땅끝까지 나아가, 세상 끝날까지, 세상 모든 사람들에게 그가 명하신 모든 것을 지키도록 가르치라는 명령을 주시며 그들을 선지자로 세우시고(마 20:16-20), 오순절에 성령으로 세례를 주어 새 언약의 선지자로 인치셨다(행 2:1-14).

따라서 사도행전은 제자들이 예수께서 주신 이 명령

을 어떻게 실행했는지 그 역사를 기록한 책이다. 새 언약의 선지자로서 제자들의 말씀사역이 그 내용이다. 제자들은 이제 세상에 나아가 예수께서 가르치신 말씀을 전하고, 말씀을 해석하며, 말씀을 가르칠 제자를 선지자로 양성하고 세례를 주어 새로운 새 언약의 선지자로 세워야 했다.

따라서 사도행전은 말씀행전이다. 말씀이 선포된 곳에 성령이 역사하셨다. 사도행전은 예수께서 명하신 대로 예루살렘, 유대와 사마리아, 그리고 땅끝이라 할 수 있는 로마까지 말씀이 전파된 기록이다. 우리는 여기서 새 언약의 선지자로서 제자들의 활동을 살펴볼 필요가 있다.

1. 예루살렘

제자들은 오순절에 예루살렘에서 성령세례를 받고 새 언약의 선지자로서의 위임식을 가졌다. 그리고 베드로는 위임식 직후, 예루살렘에 모인 사람들에게 자신은 부활하신 예수께서 하나님으로부터 받아 보내신 성령으로 인치심을 받은 선지자임을 밝히고 회개를 촉구하는 연설을 했다. 베드로의 말을 듣고 3천여 명이나 되는 사람들이 세례를 받았다. 베드로가 주장한 대로 하나님의 선지자로 인정한 것이다.[1]

그러나 그들이 방언했다는 언급은 없다. 왜냐하면 이미 베드로는 하나님의 선지자로 사람들에게 인정을 받았기 때문이다. 그렇다고 이 3천 명은 이 시점에 성령의 선물이 필요한 것이지, 성령세례가 필요한 것이 아니었다. 성령의 선물은 이들이 믿고 회개하고 세례받아 구원받고 새 언약의 백성이 되는 것이었다.[2]

이 사건을 시작으로 제자들의 예루살렘에서의 복음 사역은 "그들이 사도들의 가르침을 받는 일과 교제하는 일과 빵을 떼는 것과 기도에 전념하였다"(행 2:42)라고 기록하고 있다. 이들의 선지자로서의 활동은 사도들의

---

[1] 본서 제4장 참조.
[2] 본서 제6장 7, 성령세례와 성령의 은사 참조.

가르침을 받는 것이 우선적이었음을 알 수 있다(행 3:11-26; 4:31; 5:20-21; 6:4). 예루살렘은 오순절 성령세례가 임했던 곳이다. 따라서 성령의 역사가 가장 활발하고 역동적으로 일하신 곳이라고 할 수 있을 것이다.

사도행전 저자 누가는 성령에 대한 언급보다는 말씀에 대한 언급을 더 강조적으로 하고 있다(행 2:42; 6:3-4). 예루살렘에서 사도들의 사역을 마무리하며 누가는 이렇게 적고 있다.

> "하나님의 말씀이 계속 퍼져 나가서 예루살렘에 있는 제자들의 수가 크게 늘어났으며, 많은 제사장의 무리도 이 믿음에 순종하였다"(행 6:7).

누가는 성령의 역사가 가장 활발하게 일어났던 예루살렘의 복음사역을 말씀사역으로 인지하며 보고하고 있다.[3]

---

3 손석태, 『말씀과 구속사』(서울: RTS, 2001).

2. 유다와 사마리아

사울의 핍박을 피하여 예루살렘을 떠나 흩어진 제자들은 가는 곳마다 복음을 전했다. 예루살렘을 중심한 사도들의 복음사역 영역이 유대와 사마리아로 확대된 것이다. 또한 이 복음사역에는 사도들뿐만 아니라 스데반, 빌립, 아나니아와 같은 집사나 평신도들도 동참하여 중요한 역할을 하였다. 예루살렘에서 사울의 지휘 아래 스데반에게 자행된 살인 폭행은 사도행전 역사에 새로운 계기가 된 것이다.

빌립은 사마리아의 성읍으로 가서 복음을 전함으로 마술사 시몬이 장악하고 있던 인기를 잠재우고, 영적 지도자가 되어 많은 사람들에게 하나님 나라와 예수 그리스도의 이름에 관하여 증거하고, 그로말미암아 중풍병자와 앉은뱅이가 낫게 되고 그 성읍의 많은 남녀가 그의 말을 믿고 세례를 받았다(행 8:12). 그러나 시몬은 세례를 받았지만 빌립에게 빼앗긴 인기와 지도력에 대한 아쉬움은 사마리아 교회의 위계질서를 파괴할 잠재

세력이라고 할 수 있었다. 이때 예루살렘에서 내려온 베드로는 이들을 위하여 기도하고 안수하여 성령을 받게 함으로 그의 사도적 권위를 과시하고 돈으로 성령의 권능을 사려 한 시몬을 제압함으로 빌립의 사역을 견고하게 해 주어 교회 내의 영적 질서를 세운다. 사마리아 사람들은 베드로가 오기 전에 이미 빌립에게 세례를 받았기 때문에 베드로가 이들을 안수한 것은 이들의 중생이나 구원을 위한 것이라고 말할 수 없다. 베드로는 이들에게 안수함으로 오히려 베드로 자신이 하나님께서 보내신 선지자로서 빌립을 지도하는 사도임을 증명하고 있는 것이다.[4] 사마리아에서 일어난 일은 예루살렘의 오순절 사건의 연장도 아니고, 그렇다고 사마리아의 오순절이라고 말할 수도 없다.[5]

빌립이 에티오피아의 여왕 간다게의 내시에게 이사

---

[4] 손석태, 『말씀과 성령』(서울: CLC, 2013), 107-112.

[5] MacArthur는 이것을 "사마리아의 오순절"이라고 부를 수 없고, 교회 성장에 있어서 중요한 단계라고 말하며, 오직 한 번의 오순절이 있을 뿐이고, 여기에 아무 것도 다른 것을 첨가해서는 안 된다고 주장한다. John F. MacArthur, Jr. *Charismatic Chaos*(Grand Rapids: Zondervan, 1992), 182. Merill Unger 또한 같은 주장을 한다. *New Testament Teaching on the Tongues: Biblical and Historical Survey*(Krugel, 1971), 36-37.

야의 예언을 가르쳐 예수님을 믿게 하고, 세례를 준 사건은 복음을 전파하는 일이 사도들만의 전유물이 아님을 보여 준 대표적인 예이다(행 8:26-39). 빌립은 간다게의 내시에게 세례를 베풀고 아소도에 나타나 여러 성읍들을 두루 다니며 복음을 전하며 가이사랴까지 갔다고 했다(행 8:40).

사마리아 지역에서 있었던 중요한 사건은 하나님께서 아나니아를 통하여 사울을 이방인을 위한 사도로 세우신 일이다. 하나님께서는 예루살렘에서 지혜와 성령으로 은혜와 능력이 충만한 스데반을 죽이는 데 앞장섰던 사울을 치셔서 그의 종으로 삼으시고, 아나니아를 통하여 세례를 받게 했다. 하나님께서는 아나니아를 통하여 사울의 사명을 일러주셨다.

"가라 그 사람은 이방인들과 왕들과 이스라엘 자손들 앞에서 내 이름을 전하도록 내가 택한 나의 그릇이기 때문이다. 그가 내 이름을 위하여 얼마나 많은 고난을 겪어야 할지를 내가 그에게 보일 것이다"(행 9:15-16).

아나니아는 사울을 만나, "형제 사울아, 내가 오던 길에 네게 나타나신 주 예수께서 나를 보내셨으니, 이는 네가 다시 보게 되고 또한 성령으로 충만해지도록 하시려는 것입니다"(행 9:17)라고 그의 사명을 전하자 그의 눈에서 비늘 같은 것이 떨어져 나가 그가 시력을 회복하였고, 일어나서 세례를 받았다. 사울은 다마스쿠스로 가는 도중에 예수께서 부르시는 음성을 직접 들었고, 아나니아를 통하여 하나님께서 그를 이방인을 위한 그릇으로 택하셨음을 통보받았다.[6]

그러자 그는 세례를 받았다. 그는 성령세례를 받은 제자들을 통하여 세례를 받음으로 새 언약의 선지자로서의 위임식을 가진 것이다. 말하자면 세례를 받음으로

---

6 김세윤은 O. Betz와 더불어 바울의 다마스쿠스의 경험을 이사야의 소명기사(사 6장)에 비추어 그의 사도로서의 부르심을 설명한다. 말하자면 이사야의 소명기사와 바울의 다마스쿠스 사건과 병행 점이 있고, 나아가서 이사야 49:5-6은 바울이 로마서 11:29f의 이방인의 사도로서의 자기의 사명을 인지하는 배경이 되고 있다고 주장한다. Seyoon Kim, *The Origin of Paul's Gospel*. Wissenschaftliche Untersuchungen zum Neuen Testament. 2 Reihe; 4(Tübingen: J.C.B[Paul Soebeck], 1981), 91-95. 이 같은 연관성을 염두에 둔다면 다마스쿠스 도상에서의 바울의 부르심은 이방인들에게 복음을 전하기 위한 부르심이었으며, 이것은 바로 새 언약의 선지자로서의 부르심이었다고 말할 수 있을 것이다.

직분을 위임받는 성령세례를 받은 것이다.[7]

그러나 사울이 세례받는 이 과정 가운데 눈으로 보거나 귀로 들을 수 있는 어떤 현상이 있었던 것은 아니다. 사울은 즉시 나아가 다마스쿠스와 예루살렘에서 예수께서 그리스도이심을 증거하고, 증명하고(행 9:22), 예수님의 이름으로 담대하게 설명하였다(행 9:27). 누가는 사마리아 지역의 복음사역에 대하여 다음과 같이 그 성과를 요약하고 있다.

"그러는 동안에 유대와 갈릴리와 사마리아 온 지역에 있는 교회가 평안하여 든든히 세워져 갔으며, 주님을 경외함과 성령의 위로로 행하여 수가 더 늘어났다"(행 9:31).

새 언약의 선지자들의 복음사역이 예루살렘에서 유

---

7 여기서 아나니아는 하나님께서 자기를 사울에게 보내신 목적이 "네가 다시 보게 되고 또한 성령으로 충만해지도록 하게 하시려는 것이다"(행 9:17)고 말하고 있는데 문법적으로 보면 다시 보게 되는 것과 성령으로 충만해지는 것이 병행되고 있다. 말하자면 육체적인 눈을 뜨는 것과 연이은 성령의 역사, 말하자면 중생과 성화 등 성령의 선물을 의미한다고 봐야 할 것이다. Cf. C.K. Barrett, *A Critical and Exegetical Commentary on the Acts of the Apostles*, Vol.1,(Edinburgh: T&T Clark, 1994), 457.

대와 갈릴리와 사마리아로 확장되었을 뿐만 아니라 사도들 중심의 사역이 빌립, 아나니아, 바나바 같은 제자들뿐만 아니라 심지어 교회를 핍박하고 스데반을 죽이는 데 앞장섰던 사울을 통해서도 동일하게 일어났다. 이들이 말씀을 전하는 곳에 성령의 역사가 함께 일어난 것이다.

3. 땅끝까지

오순절의 성령세례로 새 언약의 선지자로 세움을 받은 제자들의 활동은 유다와 사마리아에 이어 이제 땅끝인 로마를 향한다. 로마에 가기 전에 바울은 안디옥에서 이방인들을 중심으로 교회를 세우고 로마 복음화를 위한 세력 확장을 이어간다. 하나님께서는 이를 위하여 바울이라는 지도자를 세우시고, 안디옥, 에베소를 거쳐, 땅끝이라고 생각했던 로마까지 하나님의 말씀을 선포하게 하신다.

1) 안디옥

안디옥은 바울이 로마까지 복음을 전하러 가기까지 4차에 걸친 선교 활동의 근거지이다. 과거에 그가 교회를 핍박했던 전력 때문에 그를 하나님께서 특별히 세우신 이방의 사도임을 믿지 못한 제자들의 방해를 받아 전도 활동을 계속할 수 없어서 고향에 내려와 있던 사울을 안디옥 교회의 선교사로 세운 사람은 바나바였다. 안디옥 교회는 사울의 핍박을 피하여 예루살렘을 빠져나온 사람들이 안디옥에 와서 복음을 전함으로 세워진 교회였는데, 바나바는 이들의 성경교사로 바울이 가장 적절한 사람이라고 생각한 것 같다. 사울은 안디옥에 와서 열심히 성경을 가르쳤고 교회는 크게 성장하였는데 그곳에 바나바, 니게르라 하는 시므온, 구레네 사람 루기오, 분봉왕 헤롯과 함께 자란 마나엔, 그리고 사울과 같은 선지자들과 교사들이 있었다고 했다(행 13:1).[8]

---

[8] 유다의 여호사밧 왕 때에 그의 장관과 레위인과 제사장들이 한 팀을 이루어 유다의 여러 성읍을 순방하며 율법책을 가르쳤는 데 성경은 이들의 이름을 기록하고 있다(대하 17:7-9). 뿐만 아니라 에스라와 느헤미

안디옥 교회에 교사와 선지자들이 있었다는 것은 안디옥 교회가 말씀 중심의 교회였음을 반증한다. 안디옥 교회에 하나님께서는 사울을 선교사로 따로 세우도록 명하시고, 이 명령을 따라 사울은 궁극적으로 로마를 향한 그의 전도여행을 시작한다.

2) 에베소

에베소는 바울이 로마로 가기 위한 전략적인 도시였다.[9] 그래서 그는 제2차 전도여행을 마치고 예루살렘을 거쳐 안디옥으로 가기 전에 에베소를 먼저 답사한다.

야의 때에 이스라엘을 재건하며 성경을 가르치는 일을 했는데 이때에도 성경교사들의 이름을 밝히고 있다(느 8:7-9). 사도행전 13장에도 안디옥 교회의 성경교사들의 이름을 기록하고 있는데 이는 하나님의 구속 역사가 말씀 역사이며, 말씀 역사에 동참하고 헌신한 교사들의 중요성을 기리기 위함이라고 할 수 있을 것이다. 손석태, 『말씀과 구속사』(서울: RTS, 2010), 84-93.

9 에베소는 Attalus III 때 로마에 복속되어 제국의 도시가 되었다(133 BC). 에베소는 제국 내에서 부강하고 주목받는 도시였다. 특히 마술로 유명하였으며, 아르테미스 여신의 신전봉사자로 불리는 도시였다(행 19:35). 바울이 에베소에서 사람들이 마술책을 불사른 사건 이후에 예루살렘을 방문할 계획을 세우며 "내가 거기에 간 후에 로마도 보아야 하리라"(행 19:22)고 말하는 것을 보면 에베소 다음의 그의 선교 목적지는 로마였다는 것을 알 수 있다.

그곳에서 그는 여러 제자들이 있음을 확인하고 제3차 전도여행의 목적지로 정한다. 그간에 에베소에는 성경에 능통한 웅변가 아볼로, 고린도에서 동업을 했던 아굴라와 브리스길라가 있어서 이미 에베소에는 그들의 가르침을 받아 예수를 믿는 사람들이 있었다.

바울은 이곳에 와서 새롭게 복음사역을 시작하고 아울러 로마 복음화를 준비하기 위해서는 무엇보다 자기의 정체를 이들에게 확실하게 밝혀 두어야 할 필요가 있었다. 그는 에베소 제자들이 성령에 대하여 무지한 것을 알고 이들에게 안수하였다. 그러자 성령께서 그들 위에 임하시어 그들 가운데 12명이 방언으로 말하고 예언도 하였다. 이들은 이미 예수를 믿었던 사람들이다.[10]

---

[10] 학자들 간에는 이들이 예수의 이름으로 세례를 받지 않았기 때문에 기독교인이라고 할 수 없다고 주장하는 사람도 있다. 그러나 Barrett이 주장한 대로 아볼로가 기독교적인 가르침을 받았고 그래서 기독교인이라고 간주하는 것이 가장 자연스럽다. 특히 본문에서 그가 "주님의 도를 배워서 열심히 말하고 예수님에 관한 것들을 자세히 말하였다"(행 18:25)는 구절에서 사도행전 저자, 누가가 "주의 도"는 기독교를, "주"는 자주 예수님을 지칭하여 사용하는 말이라고 주장한다. 또한 사도행전 19:1에는 바울이 에베소 사람들을 제자라고 일컫고, "너희가 믿을 때에 성령을 받았느냐?"고 묻는 것을 보면 바울은 이들을 신자로 간주하고 있다. C.K. Barrett, *A Critical and Exegetical Commentary on the Acts of the Apostles*, Vol.2.(Edinburgh: T&T Clark, 1994), 885-887. J.P. Lange, P. Schaff, V.L. Gotthard, C. Gerok, & C.F. Schaeffer. *A Commentary on the Scriptures:*

그래서 이들이 받은 성령은 그들의 구원이나 중생을 위한 것은 아니고, 더구나 이들에게 어떤 직분을 수여하기 위한 성령세례라고 말할 수도 없다. 따라서 이것은 예루살렘의 제자들을 위한 것이 아니고 바울의 정체를 보증하기 위하여 하나님께서 하신 일이다. 바울이 아볼로, 아굴라, 브리스길라와 다른 특별한 "하나님의 사람"이라는 것을 알게 된 이들은 즉시 바울을 따라가 회당과 두란노 서원에서 말씀을 가르치는 일을 하게 된다. 마침 에베소에서는 놀라운 복음의 역사가 일어나 은 오만량 어치의 마술책을 불사르는 사건이 일어나게 되고, 많은 사람들이 그리스도를 믿어 에베소의 아데미 여신상을 만들어 생계를 유지하며 사는 에베소를 비롯한 인근 아시아 지역 주민들에게 적잖은 경제적 타격을 주게 되었다. 바울은 경제난을 겪은 시장 상인들의 공격을

Acts(Bellington: Logos Bible Software, 2008), 348-49. 아볼로는 브리스길라와 아굴라를 통하여 하나님의 도를 더 정확하게 가르침을 받고 아가야로 건너가서 "이미 신자된 자들에게 큰 도움을 주었으니 이는 그가 예수께서 그리스도이심을 성경을 통해서 증명하면서 대중 앞에서 유대인들을 힘있게 논박하였기 때문이다"(행 18:29-30)라고 기술하고 있다. 아볼로는 바울이 에베소에 오기 전에 그곳을 떠나 아가야에 가서 예수께서 그리스도이심을 성경을 통하여 증명하며 은혜로 말미암아 신자가 된 자들에게 큰 도움을 주었다고 했다(행 18:28-19:2).

받아 결국 에베소를 떠나게 되었는데 누가는 이 사건을 "이처럼 주님의 말씀이 힘 있게 퍼져 나가고 점점 강하여졌다"(행 19:20)고 기록하고 있다.

3) 로마

에베소를 떠나며 바울은 일단 예루살렘으로 돌아갈 계획을 세운다. 그리고 "내가 거기에 간 후에 로마도 보아야 하겠다"(행 19:21)라고 말하고 그의 발걸음을 로마로 향한다. 로마 황제 가이사의 죄인으로 로마에 도착한 바울은 일단 여관에 머무르게 되었다. 그는 그곳에서 유대인들을 불러 성경 공부를 시작한다.

"그들이 바울과 날짜를 정하여 그의 숙소로 많이 오니, 바울이 이른 아침부터 저녁까지 그들에게 하나님 나라를 강론하고 증언하며, 모세의 율법과 선지자들의 글을 가지고 예수님에 관하여 그들을 권하였다"(행 28:23).

그리고 바울은 그의 거처를 셋집으로 옮겼다.

"바울이 이 년 내내 자신의 셋집에서 머물면서 자기에게 오는 이들을 다 영접하여, 하나님 나라를 선포하고, 주 예수 그리스도에 관한 것들을 아무런 방해를 받지 않고 담대하게 가르쳤다"(행 28: 30-31).

예수께서는 승천하시기 직전에 제자들에게 땅끝까지 이르러 그가 명령한 것을 지키도록 가르치라고 말씀하셨는데, 바울은 로마에 앉아서 예수 그리스도에 관한 것을 사람들에게 가르치고 있다. 사도행전은 성령세례를 받은 예수님의 제자들이 예루살렘으로부터 시작하여 로마에 이르기까지 예수께서 명하신 것을 가르친 역사이다. 누가는 이 말씀사역의 진전을 알리는 이정표를 의미 있는 대목을 넘어갈 때마다 심어놓고 있다.

예루살렘 교회의 사도들의 활동 기록을 넘기며 "하나님의 말씀이 계속 퍼져 나가서"[11] 예루살렘에 있는 제

---

11 "하나님의 말씀이 계속 퍼져나갔다"(καὶ ὁ λόγος τοῦ θεοῦ

자들의 수가 크게 늘어났으며 많은 제사장의 무리도 이 믿음에 순종하였다"(행 6:7)고 요약하고 있으며, 유다와 사마리아의 복음사역을 마치면서 다음과 같이 보고하고 있다.

"그러는 동안에 유대와 갈릴리와 사마리아 온 지역에 있는 교회가 평안하여 든든히 세워져 갔으며, 주님을 경외함과 성령의 위로로 행하여 수가 늘어났다"(행 9:31).

"그러나 하나님의 말씀이 계속 퍼져 나가서 믿는 자가 크게 늘어났다"(행 12:24).

안디옥을 모교회로 시작된 이방 세계 복음화의 사역

ηὔξανεν καὶ ἐπηθύνετο ...)라는 말을 개역성경에서는 "하나님의 말씀이 점점 왕성하여..."라고 번역하고 있는데, 헬라어 "아욱사노"(αὐξάνω)라는 말은 "자라다"(to grow), 혹은 "증가하다"(to increase)는 의미이다. 따라서 이 구절은 하나님의 말씀에 생명력이 있어서 그 세력이 확장되어 감을 의미한다. 특히 "말씀이 자란다"는 표현은 아마도 예수님의 씨뿌리는 자의 비유를 염두에 둔 표현일 것 같다. J Kodell, "The Word of God Grew. The Ecclesial Tendency of Logos in Acts 6:7; 12:24; 19:20," *Bib* 55(1974) 505-19. quoted in John B. Polhill, *The New American Commentary: Acts*(Nashville: Broadman & Holman Publishers, 1992), 183.

에 대해서도 이것이 말씀을 가르치는 역사였음을 강조하며, 특히 안디옥은 물론 에베소 그리고 로마에서 말씀을 가르치는 모습을 보여 주고 있다.

> "이방인들이 듣고 기뻐하여 주님의 말씀을 찬양하였고 영생을 얻도록 작정된 자들은 다 믿었다. 주님의 말씀이 온 지방에 두루 퍼졌다"(행 13:48-49).

> "바울과 바나바는 안디옥에 머물며 많은 다른 이들과 함께 주님의 말씀을 가르치며 복음을 전하였다"(행 15:35).

이를 살펴볼 때에 누가는 곳곳에서 복음을 전파한 사도들의 활동을 기술하고, 그 결과 "이와 같이 말씀이 힘이 있어 흥왕하여 세력을 얻었다"(개역성경)는 지시구(Instruction Key)를 삽입하여 사도행전의 역사가 말씀 중심의 역사였고, 이 말씀의 사역을 이루었던 자들이 바로 사도들을 포함한 새 언약의 선지자들이었음을 밝히고 있는 것이다. 따라서 사도행전은 말씀행전이다. 예수께서는 이 말씀 역사를 이루기 위하여 제자들을 세우셨고, 이들에게 성령으로 세례를 베푸셨다. 성령세례는 말씀사역을 위한 것이다. 성령세례는 예수께서 전 세계적인 말씀사역을 이룰 선지자들을 세우시고, 하나님으로부터 성령을 받아 제자들을 인치신 새 언약의 위임식이다. 따라서 이 위임식은 말씀사역을 위해서 일할 제자들에게 필요한 것이었으며, 이것이 위임식이라는 점에서 반복될 필요가 없는 소명의식(召命儀式, Installation Ceremony for the Prophetic Calling)이었다. 따라서 사도들이 돌아다니며 말씀을 전하고 안수할 때에 오순절 때와 비슷한 방언을 했다고 해서 오순절 성례세례의 반복성을 주장하는 것은 옳지 않다. 개핀(Gaffin)은 오순절 성령의 임함으로 전례에 없던 전 세계적인 복음사역이 일어났기 때문에 성령을 "세계적인(우주적인) 성령"(the universal Spirit)이라고 칭하는 것은 맞지만,[12] 오순절의 성령을 "선교의 성령"(the Spirit of Mission)이라고 너무 강조해서는 안 된다고 말하거나, 빌립의 사마리아, 베드로의 고넬료의

---

12   Richard B. Gaffin, Jr. "The Holy Spirit," *WTJ* 43(1980): 73.

집, 그리고 바울의 에베소의 말씀사역을 오순절 사건의 연장이나 확장이라고 말함으로 그 단회성을 주장하는 것은 그 설득력이 부족하다.[13]

---

[13] Gaffin, *Perspectives on Pentecost*, 22.

제6장

연관된 주제들과 적용들

필자는 이상의 논의를 통하여 사도행전 2:3에 대한 바른 번역과 오순절 성령세례를 새 언약의 선지자에 대한 위임식이라는 새로운 해석을 제안했다. 이것이 옳다는 것을 전제한다면 우리는 그동안 붙들고 있던 중요한 신학적 주제들과 적용에 있어서도 새로운 이해와 교정이 필요하다.

1. 성령세례의 단회성

오순절의 성령세례가 새 언약의 선지자를 세우고 인

치는 위임식이라면 이는 반복될 수 없는 사건이다. 모든 위임식은 항상 단회적이다. 또한 오순절 성령세례의 단회성을 주장하기 위하여 복잡한 이론을 덧붙일 필요도 없다. 위에서 살펴보았듯이 성령으로 세례받는다는 말은 성경에서 한정적으로 사용되고 있다.

첫째는 예수께서 세례 받으실 때 사용되고 있다. 세례자 요한은 예수님에 대하여 증거할 때, 그분께서는 성령과 불로 세례를 주실 것이라고 말한다(눅 3:16). 많은 사람들은 예수께서 성령과 불로 세례를 주신다는 이 세례자 요한의 말을 오순절 사건으로 해석한다. 그러나 오순절에 불이 임하지 않았다. 불과 같이 갈라진 혀들이 임했다. 여기서 불이라는 말은 세례자 요한에 이어지는 예수님을 소개하는 말 가운데 예수님의 심판주 되심을 지칭하는 말이라고 이해해야 옳다.[1] 예수께서 물로 세례를 받으실 때 성령이 비둘기 같은 형체로 예수님 위에 내려 왔으며 하늘로부터 "너는 내 사랑하는 아들

---

[1] I. Haward Marshall, *The New International Greek Testament Commentary: The Gospel of Luke* (Carlisle : Paternoster, 1978), 145-149.

이다. 내가 너를 기뻐한다"(눅 3:22)는 음성이 들려왔다. 성령으로 잉태되신 예수께 그의 본체상의 변화를 일으키도록 성령이 임한 것은 아니고, 다만 예수께서 복음사역을 시작함에 있어서 대선지자로서의 직분에 대한 위임식이라고 해야 옳다.[2] 말하자면 이를 통하여 하나님께서 그의 아들, 예수님의 메시아적 사역이 개시됨을 선포하시는 것이다.

둘째는 성령세례라는 말이 예수님에 이어서 제자들에게 사용되고 있는데 바로 이 오순절 사건을 지칭한다. 부활하신 예수께서 친히 제자들에게 "요한은 물로 세례를 주었지만 너희는 여러 날이 지나지 않아 성령으로 세례를 받을 것이다"(행 1:5)라고 약속하신다. 제자들의 선지자로서의 위임식에 바로 성령세례라는 말을 쓰고 있다. 성령세례라는 말은 성경에서 오직 두 번 사용되고 있다.[3] 따라서 성령세례는 복음사역을 시작하시는 예수님과 땅끝까지 이르러 모든 민족에게 예수님의 말

---

[2] *Ibid*, 154.

[3] Walter A. Elwell, *Evangelical Commentary on the Bible* (Vol.3) (Grand Rapids: Baker Book House, 1995), ECB.logos 4. Acts 2:2-13.

씀을 가르치고 지키게 해야 할 제자들에게 선지자의 직분을 위임하는 데 사용하는 특별한 어휘이다. 성령세례를 받으심으로 말씀을 가르치는 선지자적 사명을 개시하신 예수께서 말씀사역을 시작하는 제자들에게 성령세례를 주시는 것이다. 따라서 성령세례는 직분에 대한 위임식이다. 직분을 위임하며 그 직분을 수행할 수 있는 권위와 능력을 부여하는 것이다. 어떤 경우든지 위임식은 반복되어야 할 필요가 없는 것이다. 그럼에도 불구하고 일부의 사람들은 성령세례는 반복되고, 되어야 한다고 주장한다. 왜냐하면 성령세례는 방언을 동반했는데 방언을 동반하는 사건이 사도행전에 계속되고 있기 때문이라는 것이다. 그리하여 이들은 베드로의 고넬료 집 사건과 바울의 에베소 사건을 그 예로 들고 있다. 대표적으로 카이퍼(Kuyper)는 구도시의 상수원과 신도시의 배수지 사이의 관계를 예로 들어 성령이 임하고 방언하는 사건을 구도시의 상수원에서 신도시의 배수지나 가정에 설치된 상수도 시스템에 비유하여 오순절 성령세례와 오순절 이후의 성령사건은 동일한 것이며,

반복되는 것이라고 주장한다. 또한 그는 그리스도의 몸인 교회는 유대인 부분과 이방인 부분으로 구성되어 있는데 오순절 날 성령은 교회의 이스라엘 부분에만 오셨고, 오순절 이후에는 성령이 이방인 부분에 흘러 넘쳐, 온 몸이 성령을 듬뿍 마시게 되었다고 설명한다.[4] 그러나 성령은 어떤 장소에 저장하거나 한 곳에서 다른 곳으로 흘러가는 물질이 아니다. 오순절 성령세례는 선지자들을 위한 위임식이며, 제자들이 선지자로서 활동하는 데 있어서 그들의 신분을 보증하며, 필요한 권위와 능력을 공급하는 사건이다(요 14:16, 26; 16:7, 13-14; 행 1:8). 오순절 이후는 성령세례를 받은 제자들의 말씀증거 활동이기 때문에 결코 예루살렘의 오순절 사건의 연장이 아니며, 그 성격이 같을 수 없다.

---

[4] A. Kuyper, *Het werk van den Heiligen Geest*, 3 vols(Amsterdam, 1888-89), 179. 변종길, 『성령과 구속사』(서울: 개혁주의신행협회, 1979), 91-98 참조.

1) 고넬료에게 복음을 전한 베드로

베드로는 그가 본 환상과 로마 백부장 고넬료가 환상 가운데 본 천사의 지시를 따라 고넬료의 집에 가서 그들이 청하는 대로 말씀을 전하게 되었다. 물론 고넬료와 그 가속들은 베드로의 정체와 신분에 대하여 확실하게 아는 것이 없는 사람들이었다. 베드로가 예수님에 관한 말씀을 전하기 시작하자 그들도 방언을 시작하였다.

"베드로가 아직 이 말을 하고 있을 때에 성령께서 그 말을 듣는 모든 이들에게 임하셨다. 베드로와 함께 있던 할례 받은 신자들이 이방인들에게도 성령의 선물이 주어진 것 때문에 모두 놀랐다. 이는 그들이 방언으로 말하고 하나님을 높이는 것을 들었기 때문이다"(행 10:44-48).

여기서 할례 받은 유대인들이 놀란 것은 이방인들에게도 "성령의 선물"(ἡ δωρεὰ τοῦ ἁγίου πνεύματος)

이 주어졌기 때문이다. 그러나 중요한 점은 이들이 "성령의 선물"(ἡ δωρεὰ τοῦ ἁγίου πνεύματος)을 받았다고 했지 "성령으로 세례를 받았다"(ἐν πνεύματι ἁγίῳ βαπτίσθησαν)라고 말하지 않는 것이다. 이는 분명 오순절 성령세례와는 구별되는 점이다. 베드로가 오순절 날 삼천여 명의 사람들에게 회개하고 세례를 받으면 "성령의 선물"(τὴν δωρεὰν τοῦ ἁγίου πνεύματος)을 받을 것이라고 말한 것과 맥락을 같이 한다(행 2:38).[5]

이 시점에서 하나님께서 이들에게 베드로를 보내신 것은 이들을 하나님의 선지자로 세우시고자 한 것이라고 보기는 어렵다. 고넬료는 베드로에게 "이제 우리가 주께서 당신께 명령하신 모든 것을 듣고 싶어 하나님 앞에 모였습니다"(행 10:33)라고 말한다. 베드로를 하나님의 말씀을 "대언하는 자"로 대접하고 있는 것이다. 그래서 베드로는 "선지자"로서 하나님의 말씀을 전했다. 이때에 성령이 임하여 그들이 방언을 하게 된 것은 하

---

[5] 한글 개역성경은 τὴν δωρεὰν τοῦ ἁγίου πνεύματος을 "성령을 선물로 받을 것이다"라고 번역하고 있다. 그러나 다른 어느 사본이나 역본에서도 그와 같이 읽고 있지 않다. 오역이다. "성령의 선물"은 성령이 하나님께서 주신 선물의 하나이다라는 뜻이다.

나님께서 베드로가 하나님의 사람, 곧 하나님의 선지자임을 그들이 깨닫게 하고자 한 것이다.

따라서 이 방언의 첫 번째 목적은 고넬료와 그 집 사람들을 위한 것이 아니라 바로 베드로를 위한 것이라고 할 수 있다. 하나님께서 베드로가 그의 종이라는 것을 증거하심으로 그들이 베드로가 전하는 말을 하나님의 말씀으로 받아들이도록 하신 것이다. 따라서 사도행전 11장에서 베드로가 예루살렘으로 돌아가 사도들을 만나 이 사건을 보고했을 때 누가는 "유대에 있는 사도들과 형제들이 이방인들도 하나님의 말씀을 받아들였다는 소식을 들었다"(1절)라고 기술한다. 이방인들이 성령 받고 방언했다는 사실에 대해서는 언급이 없다. 그리고 16절에 "그때 나는 '요한은 물로 세례를 주었으나 너희는 성령으로 세례를 받을 것이다'라고 하신 주의 말씀이 생각났다"고 했다.

따라서 베드로는 고넬료의 가속들이 자기가 전한 말씀을 받고, 성령을 받으며, 방언한 사실을 통하여 하나님께서 자기에게 성령세례를 베푸시고 이들에게 선지자로 보내셨다는 것을 깨달았다는 것이다. 베드로는 고넬료의 가속들에게 성령이 임하고 방언한 것을 통하여 자신의 선지자적 직임을 재확인한 것이다. 그 결과 베드로는 선지자로서 이 사람들에게 예수 그리스도의 이름으로 세례를 받으라고 확신있게 명령할 수 있었을 것이다. 예루살렘의 삼천 명에게 회개하고 예수 그리스도의 이름으로 세례를 받으라고 말했던 경우와 같다(행 2:38).

또한 베드로는 고넬료 가속들에게 세례를 주고자 하면서, "우리와 마찬가지로 성령을 받은 이 사람들에게 물로 세례를 주는 것을 누가 금지할 수 있겠느냐?"(행 10:47)고 말했다.[6]

그러나 베드로가 예루살렘에 돌아와서 사도들 앞

---

6 "εἰ οὖν τὴν ἴσην δωρεὰν ἔδωκεν αὐτοῖς ὁ θεὸς ὡς καὶ ἡμῖν πιστεύσασιν ἐπὶ τὸν κύριον Ἰησοῦν Χριστόν"은 "gave the same gift to them as he gave to us when we believed in the Lord Jesus Christ"(ESV), "... gave us after we believed"(NASB, NET), "... gave us who believed..."(NIV) "... gave them when they believed the same gift as he also gave us..."(NRS) 등 다양한 번역이 제안되고 있다. 그러나 이 구절은 15절 "τὸ πνεῦμα τὸ ἅγιον ἐπ' αὐτοὺς ὥσπερ καὶ ἐφ' ἡμᾶς ἐν ἀρχῇ"(성령께서 처음 우리에게 내리셨던 것처럼 그들에게 내려오셨다)가 성령세례를 가리키는 것이라면 17절은 분명 이와 구별된 것으로 성령의 선물을 가리키는 것이다.

에서 고넬료 집에서 일어난 일을 보고하면서 하는 말은 "하나님께서 우리가 주 예수 그리스도를 믿을 때에 우리에게 주신 것처럼 그들에게도 동일한 선물을 주셨는데, 내가 누구라고 감히 하나님을 거역할 수 있었겠느냐?"(εἰ οὖν τὴν ἴσην δωρεὰν ἔδωκεν αὐτοῖς ὁ θεὸς ὡς καὶ ἡμῖν πιστεύσασιν ἐπὶ τὸν κύριον Ἰησοῦν Χριστόν, ἐγὼ τίς ἤμην δυνατὸς κωλῦσαι τὸν θεόν)(행 11:17)라고 말한다. "우리가 주 예수 그리스도를 믿을 때에 우리에게 주신 것처럼"이라는 글귀를 부가하고 있는데 이는 오순절 성령세례를 의식하고 한 말이다. 이 말은 분명 신학적 의도가 있는 사도행전 10:44에 대한 해석적 진술이다. 뿐만 아니라 사도행전 11:15에서 베드로는 "내가 말하기를 시작할 때에 성령께서 처음 우리에게 내리셨던 것처럼 그들에게 내려오셨다"고 말한다. 여기서 말하는 "처음"이라는 말은 어느 때를 말하는 것인가?

사도행전 11:17 "우리가 주 예수를 믿을 때에"라는 베드로의 부가 설명과 우리가 주 예수를 믿을 때에를 연관시켜 생각해볼 때 이는 분명 오순절 성령세례를 지칭하는 말은 아닌 것 같다. 이는 제자들이 처음 예수를 믿을 때 그들 가운데 역사하신 성령을 의미한다고 보여진다.

따라서 예루살렘의 오순절에 사도들과 제자들이 받은 성령세례와 고넬료의 가속들이 예수 그리스도를 믿을 때에 받은 성령의 선물은 분명히 구별되고 있는 것이다. 고넬료 가속들은 성령을 선물로 받고 예수님을 믿게 되었다. 이는 모든 믿는 자들에게 적용되는 중생과 성화라는 경험이고 구원의 서정(Ordo Salutis) 양식이다. 말하자면 던(Dunn)이 말한 것과 같이 믿음의 개시(the inception of faith)이다.[7]

그러므로 고넬료의 가속들이 베드로의 말씀을 받고 방언한 사건은 양면성이 있음을 인정해야 한다.

첫째는 이것이 베드로를 선지자로 믿게 하기 위한 하나님의 증거 행위라는 것이다. 하나님께서는 베드로를 그가 보낸 말씀의 종임을 고넬료의 가속들이 인식하고

---

7 James D. G. Dunn, *Baptism of the Holy Spirit*, 51.

믿도록 하기 위해 성령을 주셔서 방언하게 했다. 베드로는 이것을 성령세례라고 말하지 않지만 자기를 위한 성령세례의 역할을 하고 있다고 인지하고 있는 것이다. 말하자면 자기의 선지자적 사명을 일깨우는 말씀이라고 생각하고 있는 것이다.

둘째는 이것이 고넬료 가속들을 위한 성령의 선물이라는 것이다. 이들은 성령의 선물을 받음으로 사도들이 믿을 때와 같은 구원과 세례를 받게 된 것이다. 베드로는 이들에게도 자신들이 믿을 때 받았던 성령의 선물, 곧 중생의 선물을 받았음을 믿고 그들에게 세례를 베풀어 자기들과 같은 그리스도의 지체로 받아들인 것이다.[8]

따라서 우리는 고넬료와 그 가족들이 베드로의 말씀을 받고 성령을 받아 방언하고 세례 받은 사건은 오순절 성령세례와 같은 사건으로 취급하거나 오순절 성령세례의 반복성을 주장하는 근거로 삼아서도 안 된다. 여기서 중요한 것은 고넬료와 같은 이방인들, 곧 할례받지 못한 이방인들에게도 할례 받은 유대인들과 똑같

---

[8] J. Calvin, *CR* 26 col. 51.

이 성령의 선물을 주셨다는 것이다. 로마 사람들도 유대인들과 같이 말씀을 받으면, 성령 받고, 세례 받아 유대인들과 같이 하나님의 백성이 된다는 것을 베드로가 깨달은 것이다. 성령세례를 받은 베드로는 이들에게 성령의 선물로 세례를 주고 이들의 요청대로 고넬료의 집에 머물고 함께 먹고 마셨다. 이들을 하나님의 백성이요 깨끗한(clean) 사람으로 받아들인 것이다(행 10:48; 11:1-3).[9]

따라서 이 사건은 사도들의 유대인들 중심의 복음사역이 이방인에게로 확장되어 가는 역사적 사건이라고 말할 수 있을 것이다. 성령세례를 받은 베드로가 이방인들에게 말씀의 문을 연 사도가 된 것이다.[10] 그런 의미에서 이 사건을 "이방인의 오순절"(Gentile Pentecost)이라고 말하는 사람이 있지만 예루살렘의 오순절 사건과는 분명 구별되어야 한다. 오순절 사건은 사도들에게 성령세례를 베풀어 새 언약의 선지자로서 인치는 위임식이

---

9 C. K. Barret, *A Critical and Exegetical Commentary on the Acts of Apostles*(Edinburgh: T&T Clark, 2004), 527-31.

10 John F. MacArther, Jr. *Charismatic Chaos*(Grand Rapids: Zondervan, 1992), 180-81. John B. Polhill, *The New Amerian Commentary: Acts*, 264.

다. 제자들은 예수께로부터 배운 말씀을 세상 모든 족속들이 지키도록 가르쳐야 할 선지자로서 그 권위와 능력을 부여받은 사건이다. 그러나 고넬료의 가속들은 선지자 베드로의 말씀을 듣고 성령의 선물을 받아 신자가 된 사람이다. 결코 성격상 사도들과 제자들이 받은 오순절 성령세례의 연장이 아니다. 개핀(Gaffin)은 사마리아의 사건이 오순절의 반복이라는 점에 반대한다. 그러나 그는 독특하고 반복될 수 없는 복합 사건의 부분들, 오순절의 확장 내지 성령세례의 영역확장, 오순절 약속의 단계적 혹은 분할적 성취로 규정하나[11] 오순절 사건이 위임식이라는 점을 간과한 설명이다.

2) 에베소에서 안수하여 성령을 받게 한 바울

바울은 로마에 복음을 전하고자 하는 장기적인 계획을 가지고 있었다. 그래서 제3차 전도여행은 로마 전도를 위한 전략 지역으로 에베소를 택한 것 같다. 제2차

---

11 R.B. Gaffin, *Perspectives on Pentecost*, 38.

전도여행을 마치면서 그곳을 미리 답사도 했다. 그러나 그가 예루살렘과 안디옥을 거쳐 에베소에 도착했을 때는 이미 아볼로, 브리길라와 아굴라와 같은 유능한 성경교사들로부터 복음을 전해듣고 제자가 된 사람들이 많이 있었다. 여기서 "제자"라는 말을 사용한 것과 바울이 "너희가 믿을 때에 성령을 받았느냐?"(행 19:2)라고 묻는 말은 이들이 이미 예수를 믿는 사람들이라는 것을 반증하는 것이다.[12]

바울이 에베소에서 복음사역을 성공적으로 이루기 위해서는 그리스도의 종으로서의 영적 지도력을 이들에게 보여 주어야 할 필요가 있었을 것이다. 말하자면 사도로서의 신적 권위와 능력을 보여 줌으로 이 제자들이 자기를 하나님의 종으로 받아들이고 함께 에베소 복음

---

[12] J.P. Lange, P. Schaff, V.L. Gotthard, C. Gerok, & C.F. Schaeffer. *A Commentary on the Scriptures: Acts*(Bellington: Logos Bible Software, 2008), 348-49. Unger는 이 열두 명의 제자들이 신자이기는 하지만 구약 시대의 사람들이며, 오순절 성령세례를 받기 전의 예수님의 제자들과 비슷하다고 말한다. 그들은 의심할 여지 없이 구약의 성도들과 같이 중생하였지만 성령으로 세례를 받지도 않았고, 성령이 내주하지도 않고, 인도하지 않았으며, 성령으로 충만하지도 않았다. 다시 말하면 그리스도의 죽음으로 마련된 신약의 구원으로 구원받지 않았다. M. Unger, *New Testament Teaching on Tongues: A Biblical and Historical Survey*, 65.

사역을 같이 수행할 수 있으리라고 생각한 것이다. 따라서 바울은 이들에게 성령을 받았는지 여부와 이들이 받은 세례의 종류에 대하여 묻고, 이들이 요한의 세례만 받았고, 성령에 대하여 무지한 것을 알게 되었다. 그래서 바울이 그들에게 안수하니 성령께서 그들 위에 임하시었고, 그들은 방언으로 말하고 예언도 하였다(행 19:6). 바울은 이들에게 그의 사도로서의 신적 권위와 능력을 과시했고, 이로 말미암아 12명의 제자들이 바울이 시도했던 회당과 두란노 도서관에서의 복음사역에 동참하게 되었다. 이러한 추론이 옳다면 에베소 제자들에게 성령이 임하고 방언을 하게 한 목적은 분명 이들의 중생과 성화를 위한 것이 아닌 것은 틀림없고, 오히려 사도 바울의 사도로서의 정체성 확인에 있었다고 해야 할 것이다. 아울러 제자들이 방언한 사건은 바울 이전 성경 교사들의 가르침에 대한 진실성을 하나님께서 바울을 통하여 확인하는 작업이었다고 할 수 있을 것이다.

에베소 제자들은 바울이 오기 전까지 성령의 존재에 대해서 전혀 듣지도 못했다고 했다. 다만 그들은 아볼로, 브리스길라, 아굴라 등으로부터 말씀을 듣고 믿어 제자가 된 사람들이었다. 브리스길라와 아굴라는 에베소에 오기 전에 고린도에서 바울과 같이 천막을 만드는 업종에 종사하며 바울의 강론을 들었고, 심지어는 에베소의 성경교사 아볼로의 여러 부족한 점을 지적하고 교정해 주기까지 했다(행 18:29). 그럼에도 불구하고 그는 제자들에게 성령에 대해서 전혀 언급하지 않은 것 같다. 에베소 사람들은 성령에 대한 지식이 없이 믿고 제자가 된 것이다. 성령은 우리가 알지 못하는 사이에 역사한 때문이다. 말씀과 성령은 서로 분리하여 역사하지 않기 때문에 말씀이 전파될 때에 이미 성령께서 이 제자들 안에서 역사하셨다고 볼 수 있다.[13]

따라서 에베소 제자들이 성령 받고 방언한 것은 바울의 사도로서의 영적 권위를 증명하는 사건인 동시에 그 제자들의 새 언약의 백성 됨을 인친 사건이다. 에베소의 제자들은 구약성경을 배우고 그것을 믿음으로 하나님과의 언약관계에 들어오게 되었지만 이제 예수님의 복음

---

[13] 존 칼빈, 『기독교강요』 I. 9. 3.

을 듣고 그가 보내신 성령을 받음으로 새 언약의 백성이요, 교회의 지체가 되었음을 확인한 사건인 것이다.[14]

3) 오순절 날의 삼천 명, 예루살렘 사람들

오순절 날의 예루살렘에는 두 사건이 전개되고 있다. 첫 번째 사건은 예수님의 제자들이 성령세례를 받은 것이고, 두 번째는 베드로의 성령세례와 방언에 대한 변증적 설교를 듣고 삼천 명이 세례를 받은 사건이다. 베드로가 사람들에게 부활하신 예수님으로부터 성령세례를 받아 선지자가 되었음을 성경을 통하여 논증하자 이를 보고 들은 유대인들은 마음이 찔려 "형제들이여 우리가 무엇을 하여야 합니까?"(행 2:37)라고 묻는다. 선지자의 설교에 반응을 보인 것이다. 이 때 베드로는 "회개하라. 그리고 너희가 죄를 용서받기 위하여 예수 그리스도의 이름으로 각각 세례를 받아라. 그러면 너희가

---

14 John MacArthur, Jr. *Charimatic Chaos*, 186. Hyung Yong Park, *The Holy Spirit and the Church* (Suwon: Hapdong Theological Seminary Press, 2011), 56.

성령의 선물을 받을 것이다"(행 2:38)라고 말했다. 그리하여 이들은 그의 말을 받아들여 그 날에 삼천여 명이 회개하고 세례를 받았다. 그러나 이날에 삼천 명이 베드로의 말씀을 듣고, 회개하고, 세례를 받았다고 기록하고 있지만 방언에 대한 기록은 없다. 이들 삼천 명은 방언을 하지 않았다고 간주해야 한다. 그리고 어떤 성령의 선물을 받았는지에 대해서도 우리는 알 수 없다. 그렇다면 이들은 왜 방언을 하지 않았을까?

방언은 고넬료 집에서나 에베소에서와 같이 말씀을 전하는 사도나 제자들이 하나님께서 보내신 말씀의 종임을 증거하는 표였다. 그것은 불신자들의 구원을 위한 표가 아니었다. 예루살렘의 베드로와 사도들은 성령이 임한 가운데 방언을 함으로 그들이 하나님의 사람들이라는 것을 인증 받았다. 따라서 그들은 베드로의 선지자로서의 권위를 인정하고 그의 말씀을 받고 순종한 것이다. 제자들을 위해서나 유대인들 자신들의 구원을 위하여 이 시점에서 유대인 삼천 명이 방언을 해야 할 필요가 없었던 것이다.

이상을 종합해 볼 때 오순절 성령세례는 새 언약의 선지자를 세우고 인치는 위임식이기 때문에 반복되어야 할 필요가 없는 것이다. 이 단회성을 설명하기 위하여 전통적인 개혁주의자들은 오순절 사건을 그리스도의 사역이라는 면에서 보아야지 그리스도의 사역과 분리된 성령의 사건으로 보아서는 안 된다고 주장하며 시편 2:2-8에 약속된 메시아의 대관식이 성취된 사건으로 해석한다. 말하자면 오순절 날의 사건은 그리스도께서 높임을 받은 영광의 주이시며, 그리스도께서 우리의 중보자로서 요청하신 성령을 하나님께서 주셨다는 사실이 세상에 공식적으로 밝혀진 사건이라는 것이다. 따라서 오순절 성령사건은 메시아적 예언이 성취된 일종의 그리스도의 대관식(the visible manifestation of a coronation)이라고 주장한다. 그리스도의 부활이 그리스도께서 우리의 죄를 대속하기 위한 죽으심에 대한 증거이듯이 성령의 오심은 그리스도의 메시아로서의 왕위에 오르심에 대한 증거라고 가르친다(Pentecost, like visible manfestation of every coronation, is the very nature *sui generis*).[15]

그러므로 오순절 사건은 그리스도의 십자가상의 죽음이나 부활, 그리고 승천과 마찬가지로 다시 반복될 수 없는 사건이라는 것이다. 그것은 구속사적 역사(an event in redemptive history, *historia salutis*)이므로 구원의 적용(the application of redemption, *ordo salutis*) 문제와 뒤섞어 생각해서는 안 된다는 것이다.[16] 예수님의 죽으심과 부활, 그리고 이어진 성령의 보내심 등은 그 자체로서 우리 기독교의 핵심적 주제이며 가장 중요한 교리인 것은 사실이다. 그러나 이것을 통하여 성령세례의 단회성을 증명하려는 시도는 무리가 많고, 명쾌하지도 않다. 예수께서는 세례를 받으실 때 이미 메시아로서 왕위에 오르셔서

---

15 Sinclair Ferguson, *The Holy Spirit. Contures of Christian Theology* (Leicester: Inter-Varsity, 1996), 86.

16 Ferguson, 84-86. 레이몬드(Reymond)는 중생과 성령세례의 관계를 설명하며 전통적인 개혁주의 가르침과 같이 오순절 성령세례의 단회성을 주장하지만 그 이유로 사도행전에 기록된 방언이 동반되는 성령세례의 경우(2장의 유대인, 8장의 사마리아인, 그리고 10장의 이방인 고넬료와 19장의 에베소)는 에베소서 4:4-6의 말씀과 같이 우리 신자들 모두가 그리스도와 함께 한 몸과 한 영이라는 것을 가르치기 위한 것이라고 말한다. R. I. Reymond, *A New Systematic Theology of the Christian Faith*(Nashville: Thomas Nelson Publication, 1998), 764-6.

왕으로서의 사역을 시작하셨으며, 제자들로부터 그리스도라는 고백을 받으셨다(마 16:16; 막 8:29; 눅 9:20). 십자가에 매달리시기 전에 이미 자신이 왕이심을 선언하시고, 십자가상에서는 왕이란 명패가 붙은 가시나무 왕관을 쓰셨다. 그리고 그의 부활을 통하여 이 사실이 증명이 되었다(행 2:24, 32, 36).

부활하신 예수께서는 오순절 성령세례 이전에 제자들에게 나타나시어 선지자적 사명을 부여하시며 "하늘과 땅의 모든 권세를 나에게 주셨으니 ..."(마 28:16)라고 말씀하셨다. 성령세례는 이 사실을 증거하기 위하여 제자들을 새 언약의 선지자로 세우고 위임하는 의식이다. 성령세례는 본질적으로 구원사역을 감당해야 할 제자들에게 복음의 일꾼으로서 필요한 권위를 부여하기 위한 것이지 중생이나 성화와 같은 구원사역 그 자체를 위한 것이 아니다. 예수님의 구원사역은 십자가의 죽음과 부활을 통하여 이미 이루셨고 이것을 우리 개개인에게 적용하는 일을 성령이 하신다. 성령세례는 예수님의 십자가의 죽음과 부활과 이를 통한 죄 용서를 증거하고 가르칠 선지자들을 세우고 인치는 위임식이다. 그것이 위임식이라는 점에서 단회 사건이다. 따라서 오순절 성령세례는 반복되지 않으며, 오순절 이후의 제자들은 물세례를 받을 때 새 언약의 선지자로서의 사명을 부여받는다는 의미에서 우리는 성령세례를 받았다고 믿는다.[17]

2. 성령세례와 중생

개혁주의자들은 우리가 개인 구원의 경험을 설명하며 "성령세례"라는 말을 사용할 때는 개인이 그리스도를 처음으로 그의 구주로 영접함을 지칭하는 것이라고 말한다. 따라서 성령세례는 중생과 일치하며 고린도전서 12:13은 이 같은 사실을 뒷받침한다고 주장한다.[18] 퍼거슨은 한 걸음 더 나아가 우리가 믿을 때에 우리는 개

---

17 본서 제6장 5. 성령세례와 물세례 참조.

18 Sinclair Ferguson, *The Holy Spirit. Contures of Christian Theology*, 85. Hyung Yong Park, *The Holy Spirit and Church* (Suwon: Hapdong Theological Seminary Press, 2011), 106.

인적으로 오순절 성령의 퍼부음의 효과에 참여한다고 가르친다.[19] 맥아더(MacArthur)는 오순절에 성령이 왔을 때 새로운 질서가 확립되었는데, 그때부터 모든 신자들은 믿음의 순간에 성령이 임하여 영영토록 신자들 가운데 내주하고 거하는 관계에 들어간다고 기술한다.[20] 심지어 던(Dunn)과 같은 학자는 오순절이 믿음의 개시(the inception of faith)라고 말하며 오순절의 120명 제자들의 영적 상태는 성령을 받기 전의 고넬료 가속들의 영적 상태와 정확히 일치한다고 말한다. 따라서 오순절 이전의 120명 제자들의 생활을 오늘날 우리 신자들은 그러한 양식(paradigm)의 경험을 해야 한다고 주장해서는 안 된다는 것이다. 왜냐하면 그들의 생활은 기독교인이 되기 이전의 것이기 때문이라는 것이다. 오순절은 그 자체가 2차적인 축복의 예가 아니고, 그리스도인이 되는 예라는 것이다.[21]

---

19 "at the point of faith we participate individually in the effect of outpouring of the Spirit at Pentecost," Ferguson, 85.

20 John F. MacArthur III, *Charismatic Chaos*, 178.

21 William P. Atkinson, *Baptism in the Spirit: Luke-Acts and the Dunn Debate*(Eugene: Pickwick Publication, 2011), 11, 14-15. James D. G. Dunn,

그러나 이러한 주장은 성령세례에 대한 본문 사도행전 2:3에 대한 번역의 오류와 성령세례의 본질에 대한 오해 때문이다. 성령세례는 이미 중생한 사람들을 새 언약의 선지자들로 세우고 인치는 위임식이다. 따라서 오순절에 중생한다거나 오순절에 불신자들이 믿음을 갖게 되고 신자가 된다고 말하는 것은 성령에 대한 이해와 성도들의 생활 가운데 많은 혼란을 가져온다. 중생은 예수께서 말씀하신 대로 "위로부터 나는 것이다" (γεννηθῇ ἄνωθεν, 요 3:3). 이것은 성령이 하는 일이다. 예수께서는 성령은 바람과 같아서 어디에서 와서 어디로 가는지 알 수 없다고 말씀하셨다(요 3:8). 또한 예수께서는 사람이 물과 성령으로 거듭나야 한다고 말씀하셨다. 여기서 "물"은 요한복음 15:3, 에베소 5:26, 디도서 3:5, 에스겔 36:25-26, 에스겔 47장 등에 비추어 볼 때 씻음의 요소가 있는 "말씀"을 지칭한다는 것을 알 수 있다. 따라서 물과 성령이란 말씀과 성령이라고 할 수 있다.[22]

Baptism in the Holy Spirit(Philadelphia: Westminster, 1970), 51, 53.
  22 손석태, 『말씀과 성령』(서울: CLC, 2013), 131-139.

그러므로 베드로는 "너희가 거듭난 것(ἀναγεννημένοι)은 썩어질 씨로 된 것이 아니라 썩지 아니할 씨로 된 것이니, 곧 하나님의 살아 있고 항상 있는 말씀으로 된 것이다"(벧전 1:23)라고 가르친다.

예수님의 제자들은 예수께서 살아 계시는 동안 말씀을 듣고 예수님을 그리스도시요 하나님의 거룩한 자로 고백한 사람들이다(요 6:68-69; 마 16:16; 막 8:29; 눅 9:20). 예수께서는 이들을 가리켜 그의 가족이라고 말씀하셨다(막 3:34-35). 이들은 이미 목욕하였기 때문에 온 몸이 깨끗하며(요 13:10), 이들은 예수께서 주신 말씀으로 깨끗하여졌기 때문에 이제 주님 안에 거하라고 말씀하신다(요 15:3-4). 오순절에 모여 앉은 사람들은 다 이와 같은 예수님의 가족들이다. 바울은 분명 "성령으로 말미암지 않고는 아무도 '예수님은 주님이시다'라고 말할 수 없다"(고전 12:3)라고 가르치며, "누구든지 그리스도의 영이 없으면 그리스도의 사람이 아니다"(롬 8:9)라고 선언한다. 따라서 제자들이 "주는 그리스도시요 살아 계신 하나님의 아들이다"라고 말한 제자들의 고백은 모두 성령의 역사로 된 것이며, 이미 성령으로 말미암은 중생의 역사가 그들 안에서 이루어졌기 때문에 가능한 일이다. 예수께서 이 베드로의 고백을 들으시고 "바요나 시몬아 네가 복이 있다. 이를 네게 계시하신 분은 사람이 아니라 하늘에 계신 내 아버지이시다"(마 16:17)라고 복을 주신다. 이는 이미 베드로 속에 성령으로 말미암은 하나님의 계시가 있었음을 일깨워주시는 것이다. 따라서 그를 가리켜 아직 중생하지 못한 자이며, 오순절 성령세례를 통하여 중생이 이루어진다고 말한다면 그 동안의 예수님의 복음사역은 무엇인가?[23]

---

[23] 그럼에도 불구하고 일부 학자들은 요한복음 7:37-39을 인용하며 예수께서 아직 영광을 받지 않았기 때문에 오순절 이전에는 성령의 역사가 없었다고 주장하기도 한다. "누구든지 목마른자는 내게로 와서 마셔라. 나를 믿는 자는 성경이 말한 것 같이 그의 배에서 생수의 강이 흐를 것이다" 하시니 이것은 그분을 "믿은 자들이 받게 될 성령에 대하여 말씀하신 것이다. 예수께서 아직 영광을 받지 않으셨기 때문에 성령께서 아직 계시지 않았다"(요 7:37-39) 본문에 대한 해석은 역사적으로 학자들 간에 뜨거운 논쟁거리이나 대략 "그의 배에서 생수의 강이 흐르다"에서 "그의 배를" "성도들의 배"로 이해하는 동방해석(Eastern Interpretation)과 본문의 구두점과 어순을 바꾸어 "누구든지 목마르거든 내게로 오게 하라. 그리고 나를 믿는 자는 마시게 하라. 성경이 말하는 것과 같이 그의 배로부터 생수의 강들이 흐를 것이다"(ἐάν τις διψᾷ ἐρχέσθω πρός με, καὶ πινέτω ὁ πιστεύων εἰς ἐμέ. Καθὼς εἶπεν ἡ γραφή, ποταμοὶ ἐκ τῆς κοιλίας αὐτοῦ ῥεύσουσιν ὕδατος ζῶντος. 요 7:37-38)라고 읽음으로 생수의 강이 예수님 자신의 배부터 흘러나온 것처럼 읽는 서방해석(Western Interpretation) 혹은 기독론적 해석(Christological Interpretation)

여기서 우리는 구약성경에 비록 "중생"이라는 말은 없을지라도 구약의 신자들이 성령으로 말미암은 중생에 대한 지식은 가지고 있었음을 상기할 필요가 있다. 예수께서는 니고데모에게 이스라엘의 선생으로서 "거듭나는 것"도 알지 못하느냐고 책망하시는 것을 통해서 볼 때(요 3:6) 이미 이스라엘 사람들에게 하나님의 영으로 말미암는 새 생명의 회복에 대한 지식과 역사가 있었음을 반증하며, 에스겔 37장, 신명기 30:6, 예레미야 31:33, 에스겔 36:26에 언급되고 있는 하나님의 영, 새로운 영을 통한 "마음의 할례," "돌 같은 마음"을 "살 같은 마음"으로 바꿈 등의 개념은 실상 신약의 중생과 같은 의미로 사용되었다고 볼 수 있다. 그러나 일부의 학자들 가운데는 구약의 이러한 중생의 역사는 일시적이어서 성령의 내주와 같은 신약의 성령의 역사와는 서

으로 나뉜다. 그리고 "예수께서 아직 영광을 받지 않았기 때문에 성령께서 아직 계시지 않았다"는 구절도 현대의 주석가들은 대부분 예수님 생전에 성령이 없었다는 말씀이 아니라 사도행전에서와 같이 능력있게 역사하지 않았다는 의미로 이해한다. G. R. Beasley-Murray, *John, Word Biblical Commentary*. Vol. 36.(Dallas: Word, 2002), 115-117. 변종길, 131-214.

로 구분되는 점이 있다고 주장한다.[24] 그러나 머레이(John Murray)는 구약의 새 출생에 대한 은유가 마음의 할례(신 10:16, 30:6)라고 해석하며, 골딩게이(John Goldingay), 굿윈 (Thomas Goodwin), 오웬(John Owen), 워필드(B.B. Warfield), 퍼거슨(Sinclair Ferguson) 등은 구약의 성도들이 성령으로 중생했을 뿐만 아니라 항상 성령이 내주하는 사람들이라고 주장한다.[25] 하나님께서 그의 영을 통하여 사람을 새롭게 하시는 일은 이미 구약 시대부터 있었던 일이다.

성령은 우리가 인지할 수 없는 가운데 우리 안에 오셔서 우리를 거듭나게 하시는 것이다. 우리는 우리가 중생하는 때와 장소를 알 수 없다. 다만 우리가 중생함으로 우리는 영적으로 죄인이라는 것을 깨닫고 구원의 필요성을 느끼게 되며 그리스도에 대한 믿음을 갖게 되는 것이다. 이 일이 오순절 성령세례의 효과에 우리가 동참함으로 이루어지는 것은 아니다. 오순절 성령세례는 하나님께서 예수님의 제자들을 선지자로 임명하시

---

[24] Graham A. Cole, *He Who Gives Life: The Doctrine of the Holy Spirit* (Wheaton: Crossway, 2007), 144-45.

[25] Graham A. Cole, 143-144.

고 인치시는 사건으로 역사상에 단 한 번 있었던 일이다. 제자들이 중생한 것은 성령세례 이전에 일어난 일로 성령세례와는 별개의 문제이다.

3. 성령세례와 교회

많은 전통적인 개혁주의 신학자들은 오순절의 성령세례를 가리켜 하나님의 구속사에 있어서 대전환점을 이루는 역사적 사건(epoch making event)이라고 말한다. 오순절 성령세례로부터 중생한 새로운 백성을 중심으로 교회가 시작되었고,[26] 새 언약의 시대가 열렸다고 가르친다. 물론 성령세례를 통하여 예수님의 제자들이 전 세계로 나아가 선민 유대인들의 경계를 넘어 이방인들에게 말씀을 증거하는 새로운 복음의 역사가 시작된 것은 사실이다. 그러나 구속사의 중심은 그리스도이다. 성경은 그리스도의 오심을 예언하고 약속하며, 약속대로

---

[26] R. Gaffin, *Perspectives on Pentecost*, 21.

그리스도의 오심과 더불어 그분의 활동을 기록하고 있기 때문에 그리스도의 오심이 새 역사의 전환점이라고 해야 옳다.

그러나 던(Dunn)을 비롯한 개혁주의자들은 오순절 사건이 교회의 시작이라고 주장한다. 던은 사도행전 10:36, 로마서 10:9, 고린도전서 12:3을 근거하여 기독교회란 고백교회(Confessional Church)이며, 예수님을 주라고 고백하는 자들이라고 전제한다. 그런데 이 고백은 성령으로 말미암지 않고는 할 수 없는 것인 만큼, 예수께서 부활 승천하여 "주와 그리스도"가 되시고(행 2:36), 아버지로부터 성령을 받아 제자들에게 주시기 전까지는 사실상 예수님을 "주와 그리스도"로 고백할 수 없다는 것이다. 또한 교회는 본질적으로 선교적 사명을 가진 것인데 성령의 부으심이 없이는 "누구든지 주님의 이름을 부르는 자는 구원을 받을 것이다"(행 2:21)라는 선교적 초청을 할 수도 없을 것이라고 말한다. 따라서 오순절 성령강림 사건은 실제적으로 제자들이 신자가 되고 교회를 이루는 시작이라는 것이다. 그는 오순절 성령강림

이전에는 교회가 존재하지 않았다고 선언한다.[27]

던(Dunn)의 말대로라면 오순절 이전에 다락방에 모인 120여 명의 제자들은 아직 신자도 아니고 교회도 아니라는 것이다. 그렇다면 지난 3년 동안 예수님을 따랐던 이 제자들의 정체는 무엇인가?

예수님의 제자들은 이미 예수님을 그리스도요 하나님의 아들이심을 고백한 사람들이다(마 16:16; 막 8:29; 눅 9:20). 이 고백을 한 베드로를 축복하시며, 예수께서는 "이를 네게 계시한 분은 사람이 아니라 하늘에 계신 내 아버지이시다"(마 16:17)라고 말씀하셨다. 이미 성령을 통한 계시의 역사가 제자들 가운데 있었음을 말씀하고 계신다. 예수께서는 그의 복음사역 초기에 열두 제자를 부르신 후, 그를 찾아온 육신의 형제를 향하여 "누가 내 어머니이고 내 형제들이냐?"고 물으시고, 그의 말씀을 듣고 하나님의 뜻을 행하는 그의 제자들을 향하여 "내 형제, 내 누이"라고 선언하셨다. 그의 가족으로 받아들이신 것이다(막 3:31-35). 신약성경에서 "교회"라고 사용

---

[27] James D. G. Dunn, *Baptism in the Holy Spirit*, 49-51.

하는 헬라어 "에클레시아"(ἐκκλησία)는 구약성경에 나오는 히브리어 "카할"(קהל)을 헬라어로 번역한 것이다. "카할"은 불러낸 회중이라는 의미이다. 예루살렘 교회의 집사 스데반은 그의 설교 가운데 모세가 "시내 산에서 자기에게 말한 천사와 우리 조상들과 함께 '광야 교회'(ἡ ἐκκλησία ἐν τῇ ἐρήμῳ)에 있었으며, 또 살아 있는 말씀을 받아 우리에게 주었다"(행 7:38)고 말한다. 던(Dunn)이 초대 교회라고 주장하던 예루살렘 교회의 은혜와 능력이 충만하며 지혜와 성령으로 말하는 스데반(행 6:8, 10)이 교회는 광야 시절부터 있었다고 말하고 있다. 오순절 성령세례를 경험한 예루살렘 성도들은 교회가 출애굽 이후 시내 산 언약으로부터 시작되었다고 말하고 있는데, 던을 비롯한 개혁주의자들은 교회의 정의를 새롭게 만들어 오순절 사건으로부터 교회가 시작되었다고 말하는 것이다. 교회는 하나님께서 이스라엘을 이집트로부터 구출하여 시내 산에서 언약을 맺은 그 이스라엘 백성이 교회이며 예수님의 제자들은 이들과 연속성을 가진다. 따라서 오순절로부터 교회가 존재하기 시작했다고 말하는 것은 옳지 않다. 어떤 사람들은 교회를 "성령이 영원한 그의 거처로 삼으신 곳"이라고 정의하며 오순절에 다락방에 모여 성령세례를 받은 제자들을 굳이 "신약 교회"라고 부르면서 이들이 교회의 시작이라고 주장한다. 바빙크(Bavinck)는 오순절을 "교회의 생일"(de geboortedag der gemeente)이라고 말한다.

그러나 요한복음 1:14은 말씀이 육신이 되어 우리 가운데 그의 장막(거처)을 펴셨는데, 우리가 그의 영광을 보았다고 했다. 우리가 삼위일체의 하나님, 그리고 성령과 예수님의 불가분리의 관계를 분리하지 않는다면 이 말씀은 분명 스데반의 말처럼 여호와 하나님께서 이스라엘과 언약을 맺은 후, 이스라엘에게 명하여 만들게 하신 성막에 그가 임하신 사건과 연속성이 있다. 스데반은 바로 이 언약의 백성을 교회라고 말하고 있다. 말씀이신 하나님께서는 바로 그의 백성들과 함께 동거하기 위하여 육신을 입은 예수님이 되어 그의 장막을 그의 백성들 가운데 치셨다(요 1:14). 따라서 예수께서 그의 백성들 가운데 오셔서 그의 장막을 치심은 바로 그

시내 산 교회와 연속성이 있는 것이다. 예수님은 새 언약의 머리로서 그의 백성을 모아 교회를 세우기 위하여 오신 분이며(마 23:37), 예수께서 그의 백성을 모으시는 주제는 신명기 30:3, 시편 147:2, 이사야 11:12; 27:13; 56:8, 에스겔 39:18 등에서 볼 수 있다. 여호와 하나님께서는 그와의 언약을 깨고, 언약적 저주를 받아 세계 각 곳으로 흩어진 그의 백성을, 흩어진 양을 찾아 모으는 목자로 비유하고 있다. 예수께서 그의 백성을 모으는 일은 제자들을 부르신 일부터 시작하신다. 따라서 교회의 시작을 오순절 사건이라고 말해서는 안 되며, 바로 예수님의 오심이라고 해야 옳다.

4. 성령세례와 새 언약

던(Dunn)이나 보수 개혁주의자들은 오순절 사건이 새 언약의 시작, 혹은 새 언약 시대의 시작이라고 주장한다. 맥아더는 에베소 제자들에게 왜 방언이 주어졌는지

자문자답하기를 "처음에 그들은 옛 언약하에 하나님과의 관계에 들어왔지만 이제 그들은 다른 모든 사람들과 같이 교회의 일원이 되었다. 오순절을 경험한 사람들과 같이 이제 그들은 새 언약하에서 살게 되었다"고 말하며 오순절 성령세례와 방언으로 그들이 새 언약에 들어온 것처럼 기술하고 있다.[28]

그러나 이처럼 오순절 사건이 새 언약의 시작이라는 주장도 재고할 필요가 있다. 여호와께서는 이스라엘을 구출하여 시내 산에 데려와 언약을 맺었다. 언약이란 선택에 법적 구속력을 갖도록 하기 위한 장치이다. 하나님께서는 이스라엘의 하나님이 되시고 이스라엘은 여호와의 백성이 되는 관계를 맺으시고, 이 관계에 법적 구속력을 갖게 하기 위하여 피차 생명을 담보하는 상징으로 짐승의 피를 뿌려 언약을 맺었다. 그리고 여호와께서 이스라엘이 여호와의 백성으로서 구별된 생활을 하도록 계명과 율법을 주셔서 지키도록 하셨다. 이로써 이스라엘은 여호와의 언약백성이 되었고, 언

---

[28] John F. MacArthur, *Charismatic Chaos*, 186.

약의 시대가 시작된 것이다.[29] 예레미야는 이 시내 산 언약 사건을 여호와와 이스라엘의 결혼예식으로 그리며, 이 언약관계를 부부관계로 묘사한다(렘 31:31-34).

그러나 이스라엘은 말씀에 순종하지 않음으로 언약 관계를 깨트렸기 때문에 여호와께서는 새 언약을 주실 것을 약속하셨다(렘 31:31-34). 여호와께서는 그의 말씀을 우리의 마음속에 기록하여 "나는 그들의 하나님이 되고 그들은 내 백성이 될 것이다"라는 약속을 새롭게 주셨다. 변치 않고 깨어지지 않는 관계를 갖게 하신다는 것이다. 그리고 말씀이 육신이 되어 이 땅에 오신 예수께서는 그의 백성들에게 말씀을 심는 일을 하시다가 유월절 만찬 석상에서 제자들에게 빵을 주시며 그것이 "너희를 위하여 주는 나의 몸"이라고 말씀하시고 계속하여 포도주 잔을 주시며 "이 잔은 너희를 위하여 흘리는바 내 피로 세우는 '새 언약'이다"(눅 22:20; 마 26:28; 막 15:24)라고 말씀하셨다. 예수께서는 자기의 살을 찢으

---

29 손석태, 『여호와 이스라엘의 남편』(서울: 솔로몬, 1997). Seock-Tae Sohn, *YHWH, the Husband of Israel*(Eugene: Wipf & Stock, 2002), 참조.

시고, 피를 흘리심으로 시내 산에서 언약을 맺을 때 흘린 짐승의 피를 대신하여 제자들과 생명을 담보하는 새 언약을 맺으신 것이다. 그리고 예수께서는 서로 사랑하라는 새 계명을 주셨다(요 13:34). 옛 언약의 십계명이 하나님 사랑과 이웃 사랑에 대한 계명이었듯이 예수께서도 새 언약에서 사랑의 계명을 주신다. 따라서 언약은 본질적으로 옛 언약이나 새 언약이나 사랑의 관계가 그 중심이다. 옛 언약이 법률관계를 명시하는 결혼 계약이라면 새 언약은 법을 초월한 인격적이고 내면적인 부부 간의 사랑의 관계를 격려하는 내용이다.[30]

따라서 예수께서는 "너희는 내 안에 거하여라. 나도 너희 안에 거하겠다"(요 15:4)고 말씀하시고, "아버지, 아버지께서 내 안에, 내가 아버지 안에 있는 것처럼 모두 하나가 되어 그들도 우리 안에 있게 하소서"(요 17:21)라고 기도하신다. 내가 예수님 안에, 예수께서 내 안에, 그리고 우리 모두가 서로 안에 있는 "페리코레시스"(*perichoresis*), 곧 상호동거(the mutual indwelling of the three

---

30 손석태, 『여호와 이스라엘의 남편』, 75-86.

Trinitarian persons)를 이루는 것이다. 단지 호적상의 부부로서 동거하는 것이 아니라 사랑하기 때문에 뗄래야 뗄 수 없는 부부관계를 이루고 피차 없어서는 생명을 유지할 수 없는 존재가 되는 것이다. 예수께서는 제자들과 새 언약을 맺으시고, 새 계명을 주시고, 십자가에서 살이 찢기고 피를 흘려 죽으시고 부활하심으로 새 언약을 종결하셨다. 따라서 예수님의 죽음이 새 언약식이라고 할 수 있고, 성전의 휘장이 갈라지고(눅 23:45), 하나님과 사람 사이에 새로운 관계가 맺어지고, 이 언약관계가 발효되고 있음을 보여 주는 것이다. 새 언약은 오순절의 성령세례로 시작된 것이 아니라 예수께서 십자가에 죽으시고 부활하심으로 시작된 것이다. 던(Dunn)에 의하면 시내 산 언약의 요체는 여호와께서 이스라엘을 자기 백성으로 삼고 율법을 주셨다는 것이다. 여호와께서 율법을 주신 날이 출애굽으로부터 50일째 되는 날이기 때문에 이스라엘은 이 날을 기념해서 오순절을 명절로 삼았다는 것이다. 마찬가지로 여호와 하나님께서는 예레미야를 통하여 새 언약을 주시고, 율법을 사람의 마음속에 새겨 주신다고 했는데 바로 그 오순절에 성령이 오셔서 이 일을 이루셨다고 말한다. 그리하여 오순절은 새 언약의 출발점이라고 주장한다.[31] 그러나 시내 산 사건과 오순절의 관계에 대해서는 학자들의 견해가 일치하지 않는다.

5. 성령세례와 물세례

개혁주의자들에게 성령세례는 일반적으로 개인이 그리스도를 그의 구주로 처음 영접함을 지칭하는 것이라고 말한다. 따라서 성령세례는 중생과 일치하며 고린도전서 12:13은 이 같은 사실을 뒷받침한다고 주장한다. 또한 신자들은 성령세례를 받는 그 순간에 중생이 일어나며 그리스도와 연합하여 그의 지체가 된다고 가르치며, 이러한 일은 우리 신자들이 믿는 그 순간에 오순

---

31 James D. G. Dunn, 47-49. Atkinson, 10-11, 52-54. R. Gaffin, "The Holy Spirit" *WTJ* 43(1980): 71. *Perspectives*, 21.

절 성령의 퍼부음의 효과에 개인적으로 참여하는 것이라고 설명한다(at the moment of faith we participate individually in the effect of the outpouring of the Spirit at Pentecost).[32] 심지어 맥아더는 오순절에 성령이 옴으로 새로운 질서가 수립되고, 그때부터 성령은 믿음의 순간에 모든 신자들에게 들어와 영원히 거하며 내주하는 관계에 들어간다고 말한다.[33]

이 같은 주장을 하는 자들은 고린도전서 12:13의 말씀을 오순절 성령사건에 무리하게 적용하고, 성령세례의 단회성에 대하여 지나치게 신학적 무게를 실어 그리스도의 탄생, 죽음과 부활 등의 사건과 구속사에 있어서 그 중요성을 동일시하며, 심지어는 오순절 성령세례야말로 구속사에 있어서 신기원을 이루는 사건(epoch-making event)이라고 말한다.

---

[32] Ferguson, *The Holy Spirit: Contours of Christian Theology*, 85. Hyung Yong Park, 106.

[33] "When the Holy Spirit came at the Pentecost a new order was established. From then on the Holy Spirit came to every believer at the moment of faith and indwelt the believer in permanent, abiding relationship," John MacArthur, Jr., 178.

그러나 고린도전서 12:13, "한 성령으로 세례를 받아 한 몸이 되었고"(καὶ γὰρ ἐν ἑνὶ πνεύματι ἡμεῖς πάντες εἰς ἓν σῶμα ἐβαπτίσθημεν)를 오순절의 성령세례로 번역하거나 해석하는 것은 옳지 않다. 심지어 리더보스(Ridderbos)는 오순절에 성령세례를 받은 자들은 성령세례가 임하기 전에 이미 성령께서 그 안에서 역사하셨고, 그들은 성령을 통하여 중생한 자들이다. 그리고 예수님을 따르며 제자가 된 자들이다. 중생을 통한 믿음이 있었기 때문에 그들은 다락방에 모여 기도할 수 있었을 것이다. "따라서 한 성령으로 세례를 받아 한 몸이 되었다"는 말은 우리 모두가 역사의 한 순간에 함께 성령세례를 통하여 그리스도와 한 몸을 이룬 것처럼 이해해서는 안 된다. 이 말씀은 우리 모두가 서로 다른 (different) 성령이 아니라 같은(same) 성령을 통하여 하나의 교회, 그리스도의 몸을 이루게 되었다는 의미이다.[34]

---

[34] J. Calvin & J. Pringle, *Commentaries on the Epistle of Paul the Apostle to the Corinthians*(Vol. 1), 406. A. C. Thiselton, *The First Epistle to the Corinthians: A Commentary on the Greek Text*(Grand Rapids: Eerdmans, 2000), 998-1001. D. E. Gerland. *1 Corinthians*(Grand Rapids: Baker,2003), 591. W. R. Nicoll, *The Expositor's Greek Testament*. Vol. II(*Acts-1 Corinthians*): *Commentary Text*(New York: George H. Doran Company, [n.d.]), 890-891.

위에서 언급한 바와 같이 사람의 중생은 오순절 성령세례와는 별개의 일이다. 그렇다면 오순절 이후의 성도들은 언제 성령세례를 받는 것인가?

우리는 이 점에 대하여 물세례를 받을 때에 성령세례를 받았다고 제안한다. 물세례는 눈에 보이지 않는 성령세례에 대한 가시적이고 상징적인 의식(visible and symbolic rite)이다. 예수께서는 세례자 요한으로부터 물세례를 받을 때에 성령이 비둘기같이 그 위에 내리심을 보았다. 그리고 하늘로부터 "이는 내 사랑하는 아들이다. 내가 그를 기뻐한다"는 하나님의 음성을 들으신다(마 3:13-17). 이것은 분명 예수님의 메시아로서의 대관식 내지 취임식이라고 할 수 있다. 왜냐하면 예수께서는 세례를 받으신 후 바로 나사렛 회당에 들어가셔서 이사야서 몇 구절을 읽으셨다.

"주님의 영이 내게 임하였으니, 주께서 내게 기름을 부으셔서 가난한 자들에게 복음을 전하도록 하셨다. 주께서 나를

A. F. Johnson, *1 Corinthians*, Vol. 7(Downers Grove: InterVasity Press, 2004), 231.

보내셔서 포로들에게 자유를, 맹인들에게 다시 보게 함을 선포하고 억눌린 자들을 자유롭게 하며, 주님의 은혜의 해를 선포하게 하셨다"(사 61:1-2; 58:6).

읽기를 마치신 예수께서는 "오늘 이 성경이 너희가 듣는 가운데 성취되었다"고 선언하셨다(눅 4:16-22). 이사야 선지서의 이 구절들은 예수께서 말씀하신 대로 예수님 자신에 대한 예언이다. 따라서 예수께서 받은 물세례는 메시아로서 기름 부음을 받은 것을 상징하며, 성령께서는 이를 인 치신 것이라고 할 수 있다. 말하자면 예수께서는 비둘기 같이 임하시는 성령을 받으심으로 하나님의 구원을 베풀기 위하여 보내심을 받은 자임을 하나님께서 인증하신 것이다. 예수께서 물세례를 받으며 자신의 메시아적 사명을 사람들에게 공포하지 않고, 선지자 이사야의 책을 펴서 자신의 사명에 대하여 기록된 곳을 읽고, 그것이 오늘 이루어졌다고 말씀하시는 것은 예수님의 세례로부터 하나님께서 약속하신 새로운 시대가 그를 통하여 열림을 선언하신 것이다.

따라서 물세례는 성령세례와 병행하며 성령세례의 가시적인 상징(symbol)이며, 하나님의 부르심을 받은 자는 이때 그의 직분을 받고 직분을 수행하는 데 필요한 권위를 인증받는다고 할 수 있다. 따라서 부활하신 예수께서 그의 제자들에게 주신 제자 삼으라는 명령 가운데 "세례"를 주라는 말씀도 이 직분의 수여와 무관하지 않다. 말하자면 제자를 삼아 선지자로서의 직임을 주라는 말씀인 것이다. 우리는 물세례를 받음으로 예수 그리스도의 죽음과 부활에 연합하여(롬 6:1-11), 그리스도의 몸인 교회의 지체가 된다. 세례를 받음으로 우리가 그리스도인이 되었음을 공식적으로 선포하는 것이다. 새로운 신분과 정체성을 갖게 되는 것이다.[35]

사도행전 9장에서 예수께서는 다마스쿠스 도상에서 사울을 부르셨다. 사도행전 9장은 부활하신 예수께서 사울을 이방인의 사도로 부르시는 소명기사다. 예수께서는 눈이 감긴 사울에게 자신이 예수이심을 밝히시고,

---

35 James V. Brownson, *The Promise of Baptism: An Introduction to Baptism in Scripture and the Reformed Tradition* (Grand Rapids: Eerdmans, 2007), 52. 김세윤, 『칭의와 성화』(서울: 두란노, 2013), 160.

아나니아를 통하여 그를 이방인들과 왕들과 이스라엘 자손들 앞에서 그의 이름을 전하도록 그가 택한 그의 그릇으로 쓰시기 위하여 세례를 주시고 안수하신다. 사울은 오순절에 성령을 받은 사람이 아니다. 오순절 이후에 성령세례를 받은 제자들을 통하여 말씀의 종, 곧 선지자로 세우심을 받고 물세례와 더불어 성령세례를 받은 예이다. 18절의 "즉시"(εὐθέως)라는 말은 바로 물세례와 성령세례의 동시성을 나타내며, 부활하신 예수께서 사울을 "성령으로 충만해지도록" 하시려 했다(행 9:17)는 표현은 예수께서는 사울에게 선지자로서의 직임을 주시려 했다는 의미이다. 사울에게는 중생과 물세례와 성령세례가 동시에 이루어지고 있는 예이다.[36]

이상을 종합해보면 우리의 경우는 새 생명을 얻었으

---

36 학자들 간에 사도행전 9장의 주제가 사울의 회심인가, 소명인가? 아니면 회심과 소명의 두 주제를 동시에 다루는가? 하는 논란이 계속되고 있다. 그러나 소명기사라고 주장하는 자들의 공통점은 모두가 구약의 선지자의 소명기사와의 병행 점을 말하고 있다(사 6:1-13; 렘 1:4-10 등). 그러나 본문은 오순절 사건 이후 이방인들이 하나님을 부르심으로 중생하고 변화되어 물세례를 통하여 성령세례(성령충만)를 받고 하나님의 선지자로 부르심을 받게 되는 전형적인 모습을 보여 준다(C. K Barrett, *A Critical and Exegetical Commentary on the Acts of the Apostles*, Vol.1.[Edinburgh: T&T Clark, 2004], 439-445).

므로 물세례는 중생을 의미한다. 우리가 세례를 받음으로 그리스도의 죽음과 부활에 연합하는 존재가 되었다는 것은 우리가 그리스도와 함께 죽었다가 장사지내고 이제 그리스도의 부활과 함께 살아났다는 것을 의미한다. 그리스도와 함께 부활하여 새 생명을 갖게 된 일은 먼 미래의 일이 아니라 이미 일어난 일이다. 따라서 바울은 "내가 그리스도와 함께 십자가에 못 박혔으니 이제는 내가 사는 것이 아니라 그리스도께서 내 안에서 사신 것이다"(갈 2:20)라고 선언한다. 따라서 우리는 물세례를 받을 때 중생했다고 간주하는 것이다.[37] 이에 덧붙여 우리는 물세례를 받음으로 성령세례를 받는다. 곧 새 언약의 선지자로서의 직분과 권위를 부여받는 것이다. 예수께서는 세례를 받으심으로 그의 복음사역을 시작하시고, 제자들에게 성령세례를 주시고 모든 족속들에게 세례를 주라고 명하심으로 그의 지상사역을 끝맺으시고 있다.

---

[37] 웨스트민스터 신앙고백 제28장, 웨스트민스터 대요리문답 제165문, 소요리문답 제94문.

6. 성령세례와 성령충만

예수님의 제자들은 오순절에 성령세례를 받음으로 새 언약의 선지자로서 말씀을 증거할 수 있는 권위를 하나님으로부터 부여받았다. 따라서 이들이 말씀을 전할 때 방언 현상이 말씀을 듣는 사람들 가운데 나타남으로 제자들이 하나님께서 보내신 선지자임을 인식하고 인정하는 것이다. 그런데 바로 이때에 제자들은 성령이 충만한 가운데 말씀을 전했다는 기록이 함께 등장하는 것을 볼 수 있다. 이것은 말씀이 전파되는 곳에 성령이 강하게 임하시고 역사하심을 상기시키는 말씀이다. 사도행전 3-4장에는 베드로와 요한이 성전의 "아름다운 문" 앞의 앉은뱅이를 고쳐 줌으로 유대 종교 지도자들에게 끌려가 심문을 받고 감옥에 갇힌 사건을 기록하고 있다. 이때 이들이 제자들에게 "너희가 무슨 능력과 누구의 이름으로 이 일을 하느냐?"(행 4:7)고 물었을 때, 베드로가 성령이 충만하여 그들에게 말했다고 했다 (행 4:8). 예수께서는 바로 이런 상황을 대비하여 성령세례를 주셨고, 다른 보혜사를 약속하셨던 것이다. 예루살렘의 온 교회는 "주님 이제 그들의 위협을 살피시고 주님의 종들에게 주님의 말씀을 담대하게 말하도록 하소서"(행 4:29)라고 기도하였다. 그들이 기도를 마치자 그들이 모여 있던 장소가 진동하였고, "모두가 성령으로 충만하여 하나님의 말씀을 담대하게 전하였다"(행 4:31)고 했다. 예루살렘 교회에서 스데반은 "은혜와 능력"이 충만한 사람으로 여러 지역에서 온 사람들과 논쟁을 벌였는데 그들은 스데반이 말하는 "지혜와 성령"을 당해낼 수 없었다"(καὶ οὐκ ἴσχυον ἀντιστῆναι τῇσοφίᾳ καὶ τῷ πνεύματι ᾧ ἐλάλει. 행 6:10)고 했다.

여기서 중요한 점은 예루살렘의 성도들은 제자들이 말씀을 담대하게 증거하도록 기도했고 이때 그들은 성령이 충만하여 하나님의 말씀을 담대하게 증거하였다는 것이다. 하나님의 말씀증거와 성령충만의 관계를 보여 주는 점이다. 말씀이 전파되는 가운데 성령이 역사하고 있음을 보여 주는 것이다. 뿐만 아니라 예수님의 제자들은 이미 성령세례를 받은 사람들이 성령이 충만하여 말씀을 증거했다는 것이다. 그곳에 모인 사람들이 성령이 충만하게 된 것이 아니라 말씀 전하는 사도들이 성령으로 충만하여 진 것이다.

앞에서 언급한대로 사울은 물세례와 성령세례를 받음으로 이방인들과 왕들과 이스라엘 자손들을 위한 예수님의 선지자로 부르심을 받고, 능력 있게 말씀을 증거했다. 그가 파포스에 이르러 총독 서기오 바울에게 말씀을 전하려고 할 때 마술사 엘루마가 대적하자 사울은 "성령으로 충만하여(ὁ καὶ Παῦλος, πλησθεὶς πνεύματος ἁγίου, 행 13:9) 그를 주목하여 보고" 그를 물리치고 제압하였다. 말씀을 증거하려 할 때 놀라운 성령충만의 현상을 경험한 것이다. 이후 바울은 바나바와 더불어 키프로스, 비시디아 안디옥 등에서 말씀을 전하였는데 "제자들은 기쁨과 성령이 충만하였다"(행 13:52)고 했다.

이상의 예를 통해서 볼 때, 성령충만은 하나님의 말씀을 전파하는 주의 제자들 가운데 일어나는 일임을 알 수 있다. 성령충만은 이미 오순절에 성령세례를 받아 새 언약의 선지자로 위임받아 하나님의 말씀을 전하는 사람들 가운데 일어난 일이다. 말하자면 하나님의 말씀이 선포되는 곳에 성령충만의 역사가 일어난 것이다. 왜냐하면 말씀과 성령은 서로 불가분리의 관계가 있기 때문이다. 따라서 칼빈(Calvin)은 말씀과 성경의 불가분리의 관계를 가르친다.[38] 또한 오웬(Owen)은 "성령을 말씀으로부터 완전히 분리한 사람은 마치 성경을 불태우는 사람과 같다"[39]고 말한다. 우리 인간은 하나님의 영이 우리에게 오시게 할 수도 없고, 우리의 뜻대로 일하게 할 수도 없지만 말씀이 가는 곳에는 성령이 함께 가시며, 말씀이 있는 곳에서 그의 능력의 역사를 시작하신다. 따라서 성령이 충만하려면 말씀이 충만하면 된다. 말씀이 충만한 곳에 성령의 역사가 충만하다. 예루살렘 교회는 "사도들의 가르침을 받는 일과 교제하는 일과 빵을 떼는 것과 기도에 전념했다"(행 2:42)고 했으며, 사도들은 "우리가 하나님의 말씀을 제쳐놓고 음식 봉사

---

38 존 칼빈, 『기독교강요』 I.9.3. 손석태, 『말씀과 성령』(서울: CLC, 2013), 139-145.

39 *The Work of John Owen*. ed. W. H. Goold(Edinburgh, 1850-53), vol. 3, 192.

를 하는 것은 옳지 않다"(행 6:2)고 말하며 일곱 집사를 세웠다. 그리고 그들은 "우리는 기도와 말씀 전하는 일에 전념하겠다"(행 6:4)고 말한다. 그 결과 "하나님의 말씀이 계속 퍼져 나가서 예루살렘에 있는 제자들의 수가 크게 늘어났으며 많은 제사장의 무리도 이 믿음에 순종하였다"(행 6:7). 누가는 예루살렘 교회의 놀라운 성장은 바로 말씀의 역사였다는 것을 말하고 있다. 말씀이 전해졌기 때문에 성령의 역사가 있었다는 것이다. 성령이 역사했기 때문에 말씀의 역사가 흥왕하였다는 것이 아니다. 누가는 사도행전의 전 역사를 사도들의 말씀사역으로 서술하고 있다(1:8; 2:42; 6:7; 12:24; 13:1-3; 17:11; 19:20; 28:23, 30-31).[40] 따라서 엄격하게 말하면 사도행전은 "성령행전"이 아니라 "말씀행전"이라고 해야 옳다.

그럼에도 불구하고 성경은 개개인의 성화와 교회에 대한 봉사를 다루는 문맥 속에서 성령충만을 언급하고 있다. 바울은 에베소서 5:18에서 "너희는 술에 취하지 마라. 그것은 방탕한 것이니 도리어 너희는 성령으

---

40 손석태, 『말씀과 구속사』(서울: RTS, 2011), 참조.

로 충만하게 되어라"고 권면한다. "성령으로 충만하라"는 능동형이 아니라 "충만하게 되어라"(ἀλλὰ πληροῦσθε ἐν πνεύματι)라는 수동형으로 쓰여졌다. 그렇다면 성령으로 충만하게 되는 것이 나의 의지로 되는 것이 아님을 알 수 있다. 성령충만은 분명 성령세례와 마찬가지로 성도들의 중생과 관계없는 것이지만 우리 성도들이 능력 있는 삶을 살아가기 위해서는 우리 속에 성령이 내주하시고, 성령이 내 속에서 역사해야 한다. 그렇다면 성령이 어떻게 하면 우리 안에 머무시며 우리의 삶을 활성화하며 성령의 풍성한 열매를 맺게 할 수 있는가?

전통적으로 개혁주의 신학자들은 말씀과 성령이 서로 불가분리의 관계임을 가르쳐왔다.[41] 바울은 골로새서 3:16 에서 "그리스도의 말씀이 너희 안에 풍성히 머물게 하여라"(Ὁ λόγος τοῦ Χριστοῦ ἐνοικείτω ἐν ὑμῖν πλουσίως)

---

[41] Sinclair Ferguson, "John Owen and the Doctrine of the Holy Spirit," *The Martin Lloyd Jones Memorial Lecture 2000 in John Owen: The Man and His Theology*(Philipsburg: P&R, 2002), 105-106. W. H. Goold, ed. *The Works of John Owen*(Edingburgh, 1850-53), vol 3, 192.

고 명한다. 헬라어 "에노이케오"(ἐνοικέω)라는 말은 "거하다" 혹은 "머물다"(to dwell in)라는 뜻으로 디모데후서 1:14, "우리 안에 계시는(머무시는) 성령(πνεύματος ἁγίου τοῦ ἐνοικοῦντος ἐν ἡμῖν)을 힘입어 너에게 맡겨진 선한 것을 지켜라"에서와 같이 성령의 내주함에 대하여 사용되는 어휘이다. 따라서 말씀의 내주함과 성령의 내주함은 병행적으로 사용되는 말임을 알 수 있다. 말씀과 성령이 서로 불가분리의 관계라면 성령의 충만과 내주함은 결국 우리 안에 말씀이 충만히 머물게 하는 것이다. 따라서 레이몬드(Reymond)는 이 두 관계를 다음과 같이 말한다.

"성령으로 충만해진다는 것은 그리스도의 말씀 가운데 거한다는 것이다. 그리스도의 말씀 안에 거한다는 것은 성령으로 충만해지는 것이다. 성령을 그리스도의 말씀으로부터 분리하거나 그리스도의 말씀을 성령으로부터 분리해서도 안 된다. 성령의 사역은 그리스도의 말씀에 의한, 말씀과 함께 한 사역이다. 그리스도의 말씀은 성령에

의하여 성령과 함께 하신다."⁴²

따라서 성령충만은 성도들이 일생 동안 추구하고 힘써야 할 일이다. 마치 여호와께서 에스겔에게 말씀하신 것과 같이 우리 뱃속에 말씀을 목이 차도록 채우면 되는 것이다(겔 3:2). 성령충만은 성령세례를 받은 제자들이 그들의 직분을 수행하도록 위로부터 공급받은 권위와 능력이며, 신자들이 그의 개인적인 성화와 교회에 대한 봉사를 위하여 내주하시는 하나님의 선물을 일컬으며 각각 개개인의 속에 말씀이 머무르게 함으로 경험한다.

7. 성령의 선물(δωρεά)과 은사(χαρίσμα)

베드로는 오순절에 제자들이 방언하는 것을 보고

---

42 Robert I. Reymond, *A New Systematic Theology of the Christian Faith*. 2nd ed.(Nashville: Thomas Nelson, 1998), 766.

모여든 무리들에게 회개하고 그리스도의 이름으로 세례를 받으라고 말한다. 그러면 "너희가 성령의 선물(τὴν δωρεὰν τοῦ ἁγίου πνεύματος)을 받을 것이다"(행 2:38)라고 외친다. 한글 개역성경은 이를 "성령을 선물로 받을 것이다"라고 번역하고 있지만 헬라어 본문의 "받을 것이다"(λήμψεσθε)의 목적어를 "성령"으로 번역하는 것은 어법상 맞지도 않고, 서양의 모든 역본도 "성령의 선물"(the gift of the Holy Spirit)이라고 번역하고 있다. 예수께서 제자들에게는 그들이 성령으로 세례를 받을 것이라고 말씀하셨지만(행 1:5), 베드로는 무리들에게 "성령의 선물"을 받을 것이라고 말한다. 베드로는 무리들에게 단순하게 "세례"라는 말을 썼지 예수님 말씀처럼 "성령세례"라는 말을 쓰지 않았다. 그리고 이들 삼천 명이 이날 세례를 받았지만 제자들처럼 방언했다는 언급은 없다. 따라서 성령이란 말은 성령세례나 성령의 은사와는 구별하여 쓰고 있음이 분명하다. 앞에서도 언급했듯이 성령세례는 위임식이기 때문에 예수께서 요한에게 세례 받을 때와 제자들이 오순절에 예수님으로부터 성령 받을 때에만 제한적으로 사용되고 있다. 그렇다면 성령의 선물(χαρίσμα, 고전 12:6)은 어떤 것인가?

여기서 우리는 용어에 대한 구분을 확실하게 해야 할 필요가 있다. 영역본에서 "성령의 선물"을 말할 때 "gift"라는 말을 쓴다(행 2:38). 그러나 한글로 "(성령의) 은사"라는 말을 쓸 때도 역시 영어로 복수형 "gifts"라는 어휘를 사용하고 있다. 같은 "gift"(선물)라는 말을 사용하지만 헬라어는 분명 다르다. "성령의 선물"이라는 말이라고 할 때는 "도레아"(δωρεά)를 사용하지만 "은사"라는 말은 "카리스마"(χάρισμα, 롬 11:29; 12:6; 고전 12:9, 28, 30, 31)를 사용하고 있다. 또한 "은사"라는 말에는 "성령"이라는 말을 붙이지 않는다. 한글 역본에서는 다행스럽게 "성령의 선물"과 "은사"라는 말을 구분해서 번역하고 있으나 영역본에서는 다같이 gift라는 말을 사용하고 있다. 그러나 사람들은 "은사"라는 말을 사용할 때 "성령의 은사"라고 "성령"을 붙여 사용한다. 따라서 성령의 이해에 혼란이 있는 것 같다. 한글성경에서 "선물"로 번역하고 있는 "도레아"(δωρεά)는 신약에서 하나님으로부터 사람들에게 값없이 주어지는 영적 혹은 초자연적인 선물의 의미로만 사용하는 어휘로 영생(요 4:10), 성령(행 2:38), 하나님과 바른 관계로서의 의(롬 5:17), 하나님께서 그의 능력의 역사하심과 은혜로 그의 일꾼으로 세우심(엡 3:7) 등에 쓰이고 있다.[43] "은사"라고 번역하는 "카리스마"(χάρισμα)는 동사 "카리조마이"(χαρίζομαι, 주다)의 명사형으로 일반적으로 "주어진 것"(what has been given)이라는 의미이다. 말하자면 하나님의 은혜스러운 행위의 결과로 주어진 것이라는 의미로 쓰이고 있다(롬 11:29; 고후 1:11; 롬 5:15-16). 또한 경우에 따라서는 사람이 직분의 위임을 받을 때 하나님으로부터 주어지는 특별한 능력(special ability)을 의미하기도 한다(딤전 4:14; 벧전 4:10).[44] 이 두 어휘의 용례를 날카롭게 구분하는 것은 쉽지 않지만 대략, 자연인에게 구원을 베푸시는 경우

---

[43] Timothy Friberg, Barbara Friberg and Neva F. Miller, *Analytical Lexicon of the Greek New Testament*(Baker's Greek New Testament Library [Book 4]), (Baker Academy).

[44] R. Gaffin, "The Holy Spirit," *WTJ* 43(1980): 74.

"도레아"(δωρεά, 롬 3:24; 5:17; 엡 3:7; 고후 11:7 등 참조)를 쓰고, 신자들에게 교회를 섬기도록 하기 위하여 주시는 것으로 "카리스마"(χάρισμα)를 사용하고 있다.

따라서 고린도전서 12장에서 바울이 말하고 있는 "카리스마"(χάρισμα)는 교회를 위하여 몸의 지체들에게 그 기능을 주시고, 그 역할을 수행할 수 있도록 주시는 능력이나 재능을 의미하는 말로 사용되고 있다. 새 언약의 선지자로서 직분을 위임하여 인을 치는 성령세례와 직분을 받은 자에게 그 직분을 수행하도록 주시는 능력이나 재능으로서의 성령의 선물은 구별되어야 하는 것이다.

바울은 고린도전서 12장에서 은사에 대해서 가르치며 교회와 성도의 관계를 그리스도의 몸과 지체의 비유를 통하여 설명한다.

> "은사에는 여러 가지가 있으나 성령은 같고, 직분에 여러 가지가 있으나 주님은 같으며, 사역에 여러 가지가 있으나 모든 이들 가운데 모든 일을 행하시는 하나님은

같으시다"(고전 12:4-6).

말하자면 은사와 직분과 사역은 다르지만 이들은 다 같이 성령, 성자 예수님, 성부 하나님, 곧 삼위일체의 하나님으로부터 나온다는 것이다. 그리고 7절에는 삼위일체의 하나님께서 "각 사람에게 성령의 나타나심을 주시는 것은 모두를 유익하게 하려는 것이다"라고 각 사람에게 은사를 주시는 목적을 말한다. 헬라어 "프로스 토 쉼페론"(πρὸς τὸ συμφέρον)이라는 말은 "공동의 선을 위하여"(for the common good, ESV, NIV, NAS), 혹은 "모두의 유익을 위하여"(for the benefit of all, NET)라고 번역해야 옳다. 그러나 한글성경들은 "모두"의 개념을 빼놓았기 때문에 누구의 혹은 무슨 유익을 위한 것인지 분명치 않다. 삼위일체의 하나님께서 각자에게(ἑκάστῳ) 은사를 주시는 것은 개인을 위한 것이 아니라 "모두를 위한 것"(πρὸς τὸ συμφέρον)임을 강조한다.

8-10절에는 각종의 은사를 열거하는데 이 은사들이 "같은 성령"으로 주어진 것임을 반복하고 있다. 그런데 여기

서 주목할 점은 "같은 성령으로"(ἐν τῷ αὐτῷ πνεύματι)와 "한 성령으로"(ἐν τῷ ἑνὶ πνεύματι)라는 말이 같은 의미로 반복 사용되고 있다는 점이다. 그리고 11절에는 "이 모든 것을 한 분이신 같은 성령께서 하시며, 그분께서 원하시는 대로 각 사람에게 나누어 주신다"고 다시 한 번 요약적 결론을 말하고 있다.

이어서 12절부터 바울은 교회와 성도들의 관계를 그리스도의 몸과 지체로 비유하며, 모든 사람들이 "한 성령으로 세례를 받아 한 몸이 되었다"고 가르친다. 물론 여기서 "한 성령"이라는 말은 위에서 말한 것과 같이 "같은 성령"이라는 의미이며, "세례를 받았다"는 말은 그리스도와의 관계를 나타내는 상징적인 행동으로 여기서는 사람들이 세례를 받음으로 그리스도의 지체로서 그리스도와 연합되어 한 몸이 되었음을 상징하는 의식이라고 할 것이다. 따라서 여기서 사용되는 세례라는 말은 오순절 성령세례와는 그 의미가 다르다.[45] 성령은 믿는 자를 그리스도의 몸에 접붙이고 묶는 역할을

---

[45] 본서 제6장 각주 16 참조.

하며, 물세례는 이것을 상징적으로 보여 주는 가시적인 의식이다. 우리 몸에 여러 기관과 지체가 있어서 한 몸이 살아 움직이듯이 교회도 그렇다는 것이다. 그리하여 27절에 바울은 고린도 성도들을 향하여 "너희는 그리스도의 몸이고, 각 사람은 그 지체이다"고 선언한다. 은사는 교회를 위하여 주신 것이다. 그렇다면 그 지체에는 어떤 것들이 있는가?(19절)

바울은 지체의 종류에 대하여 설명하기 전에 몸과 지체의 관계에 대하여 그리고 그 기능과 성질에 대하여 먼저 설명한다.

첫째는 몸은 하나이지만 지체는 많고 다양하다는 것이다(19, 20절).

둘째는 몸의 지체들은 그 모양이나 역할에 대하여 차별 없이 그 중요도가 같다는 것이다. 그래서 지체들끼리 서로를 향하여 "너는 필요 없다"고 말할 수 없다는 것이다(22-23절). 그러나 하나님께서는 몸을 잘 조직하여 몸 가운데 분쟁이 없게 하시고 지체들끼리 서로 돌보게 하셨다는 것이다(25절).

셋째는 몸과 지체, 그리고 지체와 지체끼리 영광과 고통을 함께 나눈다는 것이다(26절). 그래서 몸과 지체, 그리고 지체와 지체는 서로 불가분리의 유기적인 관계를 가졌다고 말하고 있다. 이후 바울은 하나님께서 교회에 두신 지체를 열거하고 있다.

첫째는 사도, 둘째는 선지자, 셋째는 교사, 그리고 은사로 기적(miracles), 병의 치료(healing), 어려움 가운데 있는 자들의 구조(help), 경영 능력(administration), 그리고 다양한 방언(various kinds of tongues)이라고 했다. 여기서 주목되는 것은 사도, 선지자, 교사에는 첫째, 둘째, 셋째라고 그 순위를 매기고 질서를 세우며, 직분을 가진 사람을 지칭하는데 반해, 기적, 치료, 구조, 경영, 방언 등에 대해서는 사람을 지칭하는 것이 아니라 하나님께서 그의 뜻대로 누구에게든지 주어질 수 있는 은사, 곧 선물이라고 지칭하고 있다는 점이다.

오순절에 베드로가 유대인들에게 "성령의 선물"(τὴν δωρεὰν τοῦ ἁγίου πνεύματος)을 약속한 것과는 달리 바울은 여기서 "은사"(τὰ χαρίσματα)라는 용어를 사용하고 있다. 이러한 점을 염두에 둔다면 성령의 은사란 모든 사람에게 항상 나타나는 것이 아니라 어느 특별한 사람에게 필요에 따라 특별한 시간과 장소에 따라 나타나는 선물이라고 할 수 있다. 특히 여기서 주목되는 점은 방언에 대하여 "게네 글로손"(γένη γλωσσῶν)이라고 지칭하는 것이다. 이는 여러 종류의 다양한 방언들이라는 의미이다. 말하자면 방언의 다양성을 시사하는 말이다. 뿐만 아니라 바울은 여기서 모든 사람이 다 같은 은사를 가질 수 없으며, 또한 이 은사들은 다 같이 몸에 필요하고 없어서는 안 되는 것이며, 그 중요도에 있어서 서로 우열을 가릴 수 없다는 것을 말하고 있다(29-30절). 그럼에도 불구하고 사람들은 은사에 있어서 우열을 비교하고, 다른 사람이 가진 은사를 탐하는 경우가 있음을 시사하고, 고린도 성도들에게 "너희는 더 큰 은사를 사모하라"(고전 12:31)고 권면하며, 그것이 사랑임을 13장에서 말하고 있다.

하나님께서 교회를 위하여 성도들에게 주신 은사 가운데 방언과 예언은 시대를 초월하여 항상 논란의 대상이 되는 점이다. 우리에게는 이 점에 대하여 좀 더 분명한 지식이 필요한 것 같다.

1) 방언

성경에서 방언은 마가복음(16:17), 사도행전(2, 10, 19장), 고린도전서(12-14장) 등에서 언급되고 있다.[46] 이 중에서도 사도 바울은 고린도 교회의 방언에 대하여 집중적으로 다루고 있다.

(1) 은사로서의 방언

바울은 고린도전서 12장에서 은사에 대해서 가르치

---

[46] 오순절 사람들 중에서는 로마서 8:26-27도 성령을 언급한 구 절이라고 말한다. "이와 같이 성령께서도 우리의 연약함을 도우시니, 우리는 마땅히 기도해야 할 것을 알지 못하나, 오직 성령께서는 친히 말로 표현할 수 없는 탄식으로 우리를 위하여 간구하신다. 마음을 살피시는 분께서 성령의 생각이 무엇인지를 아시니, 이는 성령께서는 하나님의 뜻대로 성도를 위하여 간구하시기 때문이다"(롬 8:26-27)에서 "친히 말로 표현할 수 없는 탄식"이라는 말은 우리가 평상시 사용하는 보통 언어라는 것이 학자들의 의견이다. 따라서 이것을 방언이라거나 방언 기도라고 말하는 것은 옳지 않다. 기도는 성령께서 우리를 위하여 하시는 것이지 사람의 방언을 기도로 통역하여 하나님께 전달하시지는 않는다. John F. MacArthur, Jr. *Charismatic Chaos*(Grnad Rapids: Zondervan, 1992), 224. n11.

며, 그 종류를 나열하고 있는데 방언을 제일 마지막으로 언급하고 있다. 고린도전서 12장에서 언급되고 있는 방언은 사도행전 2장에 기록된 오순절 사건에서 보는 사도들의 방언과는 다른 점을 볼 수 있다. 오순절의 방언은 성령세례로서 예수께서 제자들을 일정한 장소에 모으고 그들을 선지자로 세우고 인치는 의식 가운데 주어진 것으로, 그들이 말하는 언어는 분명 "외국어들"(foreign languages)이었다. 예수님의 제자들이 하는 말은 갈릴리 방언이었다. 그런데 세계 각곳으로부터 와서 모인 사람들은 각각 자기 자신들의 본국 말로 들었다(행 2:6). 이를 본 사람들은 놀라고 신기하게 여기며, 어리둥절하였다(행 2:7, 12). 사도행전에는 고넬료의 가속들(행 9:44-48)과 에베소의 제자들(행 19:1-7)도 베드로나 바울이 말씀을 증거했을 때 방언을 했다고 기록하고 있으나 이들이 했던 방언이 오순절에 제자들이 했던 방언과 동일하지 않았던 것 같다. 오순절 때는 모든 사람들이 예수님의 제자들이 말하는 외국어를 통역 없이 각각 자기 나라의 말로 직접 알아들을 수 있었다. 그러나 고린도 교회의 방언은 통역이 필요하며, 방언을 통역하는 것도 은사로 주어진 것이라고 말한다(고전 12:10). 또한 고린도 교회의 방언은 교회 내에서 덕을 세우기보다는 분란을 조장하는 면이 있었던 것 같다.[47]

그렇다면 여기서 말하는 방언이란 어떤 것인가?

바울은 방언으로 말하는 자는 사람들에게 말하는 것이 아니라 하나님께 비밀을 말하는 것이므로 다른 사람들은 아무도 알아 들을 수 없는 말이라고 정의한다(고전 12:14). 따라서 방언은 하나님과의 개인적인 영적 교통이라고 할 수 있다. 방언하는 자는 영으로 기도하고(고전 12:14), 찬송도 한다(고전 12:16). 그러나 방언으로 기

---

47 O. P. Robertson은 "방언"이라는 말로 헬라어 "글로싸"(γλόσσα)라는 어휘를 오순절 사건이나 고린도 교회의 현상을 기술하는 데 사용하기 때문에 오순절 때의 제자들이 했던 방언이나 고린도 교회 성도들이 했던 방언이나 같고, 특히 고린도 성도들의 방언은 통역이 가능했다는 점을 들어 고린도 성도들의 방언도 사람들 가운데 통용되는 일종의 언어였다는 점에서 본질적으로 같다고 주장한다. 바로 이 점에서 현대의 교인들이 하는 방언은 신약성경에서 말하는 방언과는 다르다고 주장한다. *The Final Word: A Biblical Response to the Case for Tongues and Prophecy Today*(Edinburgh: Banner of Truth Trusted), 33-37. 그러나 오순절 사건에서는 따로 통역을 세울 필요가 없었지만 바울은 고린도 교회 성도들에게 하나님께서 "어떤 이에게는 여러 가지 방언을, 어떤 이에게는 방언들 통역함을 주신다"(고전 12:10)고 말함으로 은사에 방언하는 자와 방언을 통역하는 자가 있음을 말하고 있다.

도하면 영은 기도하나 마음은 열매를 맺지 못한다는 것이다(고전 14:14). 고린도전서 14:9에 바울이 "너희가 혀로 분명한 말을 하지 않으면 그 말하는 것을 어떻게 알 수 있겠느냐? 너희가 허공에다 말하는 것이 될 것이다"고 말하고 "피차에 서로 알아 듣지 못한 말을 하면 피차에게 서로 야만인이 될 것"(고전 14:11)이라고 말한다. 여기서 한글성경들이 "야만인"이라고 번역하는 헬라어 "바르바로스"(βάρβαρος)라는 말은 "야만인"이라는 의미도 있지만 "말더듬이"(stammering), 혹은 동사로 "더듬거리며 말하다"(stattering)는 의미이다. 여러 서양 역본에서는 말을 알아들을 수 없는 "이방인"(foreigner)으로 번역하고 있다. 따라서 방언으로 말하면 같은 교회에 다니는 사람들끼리 피차에 서로 말을 알아 들을 수 없는 외국인처럼 될 것이라는 의미이다. 고린도 성도들은 방언을 함으로 피차에 알아들을 수 없는 말을 하고 있었다. 그렇다고 방언을 천국 언어(heavenly language)라고 말할 수는 없다. 하나님께서 아브라함과 대화할 때도, 가브리엘 천사가 엘리사벳과 마리아와 대화할 때도,

현재 우리가 일상 사용하는 정상적인 언어(normal human language)를 사용하셨다. 예수께서도 제자들과 대화하실 때 일상의 언어를 쓰셨고, 하나님께 기도하실 때(요 17장)도 제자들이 옆에 알아들을 수 있는 언어를 사용하셨던 것 같다. 그러나 고린도 사람들의 방언은 정상적인 언어도 아니고, 그렇다고 천국 언어도 아닌 것임에 분명하다. 이러한 이유 때문에 사람들 가운데는 고린도 방언을 오순절 방언을 모방한 점이 있다고 해서 "모조 방언"(Counterfeit Tongues)이라고 칭하는 사람도 있다. 이 모조 방언은 황홀경이나 인사불성 가운데 사용되므로 오순절 방언의 변형이나 변질이라고 말하는 것이다.[48] 이러한 점을 고려해볼 때 고린도 성도들의 방언은 오순절 방언과 유사성이 있는 것은 사실이지만 또한 다른 점이 있다. 오히려 오늘날 현대 오순절주의자들의 방언이 고린도 교회 성도들의 방언과 더 유사성이 있는 것 같다. 그렇다고 우리는 여기서 오늘날의 교회에서 방

---

48 William J. Samarin, *Tongues of Man and Angels*(New York: Macmillans, 1972), xii, 227. cf. MacArthur, Jr. 228.

언 자체를 부정하거나 방언하는 것을 금하거나 이단시 하는 것은 분명 성경의 가르침이라고 말할 수 없다. 사도 바울은 고린도 교인들에게 "나는 너희 모두보다 더 많이 방언으로 말하는 것을 하나님께 감사드린다"(고전 14:18)고 말한다. 그러나 공석상에서는 하지 않는다는 것이다. 그리고 방언을 어떻게 하는지 그 지침을 말해 준다.

(2) 방언의 지침

교회는 그리스도를 머리로 하는 몸이며 우리 성도들은 다 그의 지체이다. 이 몸이 건강하려면 지체들이 각자 지체로서 역할을 잘 수행해야 한다. 이 역할을 하도록 하나님께서는 각 지체들에게 각각 다른 은사를 주셨다. 방언도 그 은사 중의 하나이다. 그러나 이 은사를 사용하는 데는 중요한 원칙과 지침이 제시되고 있다.

첫째로 고려해야 할 점이 성경에서는 방언을 금하는 명령이 없다는 것이다. 고린도전서 14:26에 사도 바울은 앞에서 방언과 예언에 대하여 비교 설명하며 "형제들아 그러면 어떻게 해야 하겠느냐?"고 물으면서 "너희가 모일 때에는 각각 찬송도 있고, 가르침도 있고, 계시도 있고, 방언도 있고, 통역도 있으나 모든 것을 덕을 세우기 위하여 하라"고 말한다. 이 말은 교회 내에서의 방언과 계시의 존재를 전제하는 말이다.[49] 부활하신 예수께서는 제자들에게 "온 세상에 다니며 모든 피조물에게 복음을 선포하여라"(막 16:15)고 말씀하시며, "믿는 자들에게는 이런 표적들이 따를 것이니, 그들이 내 이름으로 악령을 쫓아내며 새 방언을 말하며 …"(막 16:17)라고 말씀하신다. 이 말씀은 분명 예수께서 오순절 성령세례 때의 방언을 염두에 두신 말씀 같지는 않다. 제자들이 온 세상을 돌아다니며 복음을 전했을 때 이를 듣고 믿는 자

---

49 A. C. Thiselton은 "계시"에 대해 다음과 같이 말한다. "'계시'(NRSV, REB, NIV, NJB, KJV/AV)는 그 지점에서 하나님께서 드러내는 행위(an act of divine disclosure)를 암시하는 것 같다. 그 어휘는 진실로 이것을 내포한다. 그러나 그것은 예배 행위 그 자체에 앞서 어떤 경험이나 성경적 묵상(reflection)을 통하여 하나님께서 계시하신 것에 대한 교통(communication)을 배제하지 않는다." *The New International Greek Testament Commentary: The First Epistle to the Corinthians*(NIGTC). D. E. Garland도 계시와 방언에 대하여 같은 견해를 말한다. "계시"란 무엇인가 하나님이 드러낸 것이나 포괄적인 언어로 나타난 것을 언급하는 말이다. 계시란 예배 앞서 혹은 예배 중에 일어난다(cf. 고후 12:1-7; 갈 1:12,16; 2:2). "방언"은 그것을 의미하는 바의 "해석"과 마찬가지로 즉흥적이다. *Baker Exegetical Commentary on the New Testament: 1 Corinthians*(Grand Rapids: Baker, 2003).

들에게 나타나는 표적을 두고 하신 말씀이다. 또한 사도 바울은 고린도 성도들에게 "나는 너희 모두 보다 더 많이 방언으로 말하는 것을 하나님께 감사드린다"(고전 14:18)고 밝히며, "나는 너희가 다 방언하기를 원한다"(고전 14:5)고 말한다. 그리고 고린도전서 14:39에서는 "그러므로 나의 형제들아, ... 방언으로 말하는 것을 금하지 말라"고 권면한다. 성경에서 고린도 성도들의 방언을 금하지 않고 있다는 것이다. 그러나 고린도 성도들이 했던 방언은 교회 안에서 많은 문제를 야기한 것만은 분명하다. 따라서 바울은 고린도 성도들에게 방언보다는 예언하기를 더 사모하라고 가르친다.

둘째로 고려해야 할 점은 방언을 함에 있어서 그것이 교회에 덕을 세우는가 하는 점이다. 바울은 "모든 것을 덕을 세우기 위하여 하라"는 말을 반복하여 말한다(고전 14:12, 26, 40). 성도들은 교회에 덕을 세울 목적으로 방언해야 한다는 것이다. 모든 지체는 교회라는 몸을 세우고, 몸에 유익이 되어야 한다. 그러나 하나의 지체가 지나치게 자기의 역할을 강조하고 다른 지체를 배려하지 않을 때, 그 몸은 정상적인 몸이 될 수 없고, 분쟁하다가 결국은 분열하고 망하고 말 것이다. 바울은 교회에서 방언으로 말하는 것을 성령의 은사로 인정한다. 그러나 과연 방언이 교회의 덕을 세우느냐 하는 점에 있어서는 부정적이다. 바울은 방언으로 말하는 자는 자신을 세우고, 예언으로 말하는 자는 교회를 세운다고 선언한다(고전 14:4). 여기서 "세우다"는 말은 헬라어 "오이코도메오"(ὀικοδομέω)를 번역한 것으로 "건축하다"(build, erect), "회복하다"(restore), "...의 품성을 높이다, ...의 지덕을 함양하다"(edify)라는 뜻이다. 따라서 "...를 세운다"는 말은 본질적으로 ...의 발전과 성장에 도움이 되고 유익이 된다는 말이다. 따라서 교회에서 방언으로 말하면 자신을 세우는 일은 되겠지만 교회를 위한 것이라고 말할 수 없다. 그러므로 성령의 은사를 사모하는 사람은 교회의 덕을 세우는 일에 인색해서는 안 되고 풍성해야 된다고 권면한다(고전 14:12).

셋째로 성경은 "누가 방언으로 말하려면 두 사람이나 많으면 세 사람이 말하되, 차례대로 하고 한 사람은 통역하여라"(고전 14:27)고 권면한다. 방언은 모든 성도들이 한꺼번에 알아 들을 수 없는 말을 내뱉는 것이 아니다. 두 사람이나 세 사람만 하되 그것도 차례대로 하라는 것이다. 따라서 교회에서 방언할 때는 한 사람이 홀로 하고, 한 사람은 통역하라는 것이다. 만일에 통역하는 사람이 없다면 그는 교회에서 잠잠하고 자기와 하나님께만 말하라고 명한다(고전 14:28). 통역이 없이 방언하는 것은 유익도 없으며(고전 14:6), 허공에다 말하는 것이 되고(고전 14:9), 그 말하는 의미를 알지 못하기 때문에 말하는 자나 듣는 자가 다 같이 서로에게 야만인이 되고 만다는 것이다(고전 14:11). 서로 인격과 품성을 높이는 곳이 되어야 할 교회가 오히려 서로 야만인이 되게 하는 것이다. 여기서 "야만인"이라고 번역하는 헬라어 "바르바로스"(βάρβαρος)라는 말은 "외국어로 말하다"(speaking a foreign language), 혹은 "무식한 말을 하다"(speaking an unintelligible language)는 뜻이다. 마치 피차 외국인을 대하거나 낯선 사람을 대하는 것 같이 교통할 수 없는 상태를 말하는 것이다. 따라서 통역하는 자가 없다면 하나님 안에서 거룩하고 인격적인 교제가 이루어져야 할 교회에서 잠잠하는 것이 옳다(고전 14:28). 고린도 교회에서는 아마도 남자들보다는 여자들이 더욱 방언에 열심이었던 것 같다. 그래서 바울은 "교회에서 여자들은 잠잠하여라"(고전 14:34)고 명한다.

넷째로 방언은 믿는 자를 위한 표적이 아니라 믿지 않는 자를 위한 표적이라는 것이다. 교회 안에서 모든 사람이 통역이 없이 방언으로 말하는 경우, 믿지 않는 사람들은 이들을 보고 다 미쳤다고 하거나(고전 14:23) 술에 취했다고 할 것이다(행 2:13). 특히 여자들의 경우 어디에서나 목소리가 크다. 따라서 교회에서는 할 수 있는 대로 방언을 삼가해야 한다. 흔히들 사도 바울이 사도행전 28:11-12, "내가 다른 방언으로 말하는 자들과 다른 자들의 입술을 통하여 이 백성에게 말할지라도 그들이 오히려 내 말을 듣지 않을 것이다"라는 말씀을 인용하여[50] "그러므로 방언은 믿는 자들을 위한 표적이 아

---

50 이 말씀은 그의 말씀을 듣지 않는 에브라임 백성들에게 하나님께서는 앞으로 이방인들을 통하여 말씀을 보내어 그가 예비하신 저주를 퍼부으실 것을 말씀하시는 예언적 약속이다. 따라서 여기에 언급되고 있는

니라 다만 믿지 않는 자들을 위한 표적이며, 예언은 믿지 않는 자들을 위한 것이 아니라 믿는 자들을 위한 것이다"(고전 14:21-22)라고 해석한 내용을 근거로 방언은 불순종하는 나라에 내리시는 하나님의 저주를 상징하는 것임과 동시에 온 세계에 주시는 하나님의 선물이라고도 말한다.[51] 심지어 방언을 믿지 않는 자의 표적이라는 사도 바울의 말씀을 하나님의 말씀을 듣지 않는 이스라엘 백성을 향한 책망이요 저주라고 해석하는 사람들도 있다. 그러나 방언은 믿는 자들을 위한 것이라기보다는 믿지 않는 자들에게 하나님께서 살아 계심과 역사하심을 깨닫게 하는 표적이기 때문에 믿는 사람들이 모인 교회에서는 방언에 큰 의미가 없을 수 밖에 없다.

사도 바울의 가르침에 의하면 교회에서 방언으로 말

"방언"이라는 말은 일반적으로 "다른 언어"라는 의미이지, 현대의 신오순절주의자들이 말하는 어떤 황홀경 속에서 내뱉는 보통 사람들이 알아들을 수 없이 혀를 굴려 내는 소리를 의미하는 것은 아니다.

51 이와 같은 주장을 하는 사람들 가운데는 John F. MacArthur, Jr. *Charismatic Chaos*, 227-232. O. Palmer Robertson, "Tongues: Sign of Covenant Curse and Blessing," *WTJ* 38(Fall 1975-Spring 1976), 53. *The Final Word: A Biblical Response to the Case for Tongues and Prophecy Today* (Edinburgh: The Banner of Truth Trust, 1993), 41-51 등이 있다.

하는 것을 금할 것은 아니지만 교회의 덕을 세우기 위하여 자신을 절제해야 한다. 따라서 사도 바울은 "그러면 어떻게 기도하여야 하겠느냐?"(고전 14:15)라고 물으면서 "나는 영으로 기도하고, 또한 마음으로 기도하며, 내가 영으로 찬미하며 또한 마음으로 찬미할 것이다"고 스스로 대답한다. 그는 방언을 부정하지 않는다. 그러나 방언은 불완전한 것이다. 고린도전서 13:8에는 예언도 사라지고 방언도 그친다고 했다. 따라서 마음으로 기도하고 찬송하겠다고 말한다. 이 말은 영과 마음을 분리한다는 것이 아니다. 오히려 영과 마음이 하나 된 기도와 찬송을 하겠다는 것이다. 여기서 마음으로 한다는 뜻은 일상적인 언어로, 즉 다른 사람들이 알아들을 수 있는 언어로 기도한다는 뜻이다. 일상적인 언어로 기도할 때 진정 영이 함께 하는 기도가 될 수 있다.

2) 예언

(1) 예언의 의미

 성경에서 사용되는 예언이라는 말은 우리 성도들에게 그 어떤 어휘보다 정확한 정의와 용례가 필요하다. 예언이라는 말은 우리 한국적 개념으로 어떤 일이 일어날 것을 미리서 예견하거나 예측하여 말하는 것이 아니다. 마치 점술가나 점쟁이들이 인간의 운명이나 세상의 미래를 점치는 것과 같은 것이 아니다. 성경에서 말하는 예언이란 하나님의 말씀을 대언하는 것이다. 하나님께서 그의 구속의 역사를 이루기 위하여 작의적으로 사람을 택하여 그에게 그의 뜻을 알려 주고, 그를 대신하여 그것을 사람들에게 알리도록 하시는데 이것을 예언이라고 한다. 따라서 예언이란 언어라는 교통수단을 사용하는 경우가 대부분이다. 그러나 반드시 언어만으로 하나님의 뜻을 전하는 것은 아니다. 특별한 상징적인 행동을 통하여 하나님께서는 그의 뜻을 전하도록 하시는 경우도 있다. 따라서 "예언하다"(prophesy)고 번역하고 있는 히브리어 "나바"(נבא)라는 말은 꼭 언어를 통한 교통만을 의미하지 않는다. 사무엘은 사울을 "여호와의 유업의 주권자"로 삼아 기름을 붓고, 이 사실을 확인할 수 있는 표적을 알려주는데, 사울이 블레셋 사람들의 수비대가 있는 하나님의 산에 이를 때에 비파와 작은 북과 피리와 수금을 앞세우고 예언하며(מתנבאים) 그 산당으로부터 내려오는 선지자의 무리(חבל נביאים)를 만날 것이라고 말한다(삼상 10:5). 여러 악기를 연주하며 산을 내려오는 이들을 가리켜 선지자의 무리들이 예언한다고 기술하고 있는데 이들이 말로는 하나님의 뜻을 전할 수는 없었을 것이지만 분명 사울에게는 의미있는 하나님의 뜻을 전하는 행동을 하고 있음에 틀림없다. 마찬가지로 사울은 왕이 된 후 다윗을 죽이려고 그의 부하들을 보내어 붙잡으려고 할 때에 선지자들의 무리들이 예언하는 것(נביאים)과 사무엘이 서 있는 것을 볼 때에 하나님의 영이 사울의 부하들 위에 임하니 그들도 역시 예언하였다(ויתנבאו)고 했다(삼상 19:20). 뿐만 아니라 다윗을 붙잡으러 갔던 사울도 하나님의 영이 그에게 임하니 그가 라마의 나욧에 이르기까지 예언하며 (ויתנבא) 걸어갔으며, 사무엘 앞에 이르러서는 옷을 벗어버리고 예언을 했다(ויתנבא)고 했다. 사울의 부하들이나 사울은 분명 하나님의 말씀을 대언하고 있는 것은 아니다. 그러나 사람들이 "사울도 선지자 중에 있느냐?"고 조롱섞인 말을 하는 것을 보면 그들은 분명 선지자적인 행동을 하고 있음에 틀림없다. 그들은 말로가 아니라 행동으로 하나님의 뜻을 본인들에게는 물론 사람들에게 알리고 있는 것이다. 말하자면 사울이 다윗을 붙잡으려는 이러한 행동들이 하나님의 뜻이 아님을 이들의 행동을 통하여 알리는 것이다. 이러한 선지자적 행동은 이사야나 예레미야, 에스겔 등의 선지자들에게는 더욱 뚜렷하게 나타나고 있다.

이사야는 여호와의 말씀대로 허리에서 베옷을 풀고 발에서 신을 벗어 3년 동안 맨몸과 맨발로 다녔으며(사 20:2-3), 예레미야는 전쟁의 소문이 다가오는데 그의 삼촌의 아들 하나멜의 땅을 사게 되었으며(렘 32:8), 에스겔은 하나님께서 그의 아내를 치셨을 때 장례식이 없이

조용하게 아내의 시신을 묻어야 했는데 이 같은 선지자들의 기이한 행동은 다 같이 앞으로 다가오는 유다의 멸망과 예루살렘 거민들이 당할 전쟁의 비극적인 참상을 예시하는 선지자적 행동(prophetic action)이었다. 선지자들은 말로만 하나님의 뜻을 전달하는 것이 아니고 이러한 행동을 통하여 하나님께서 하시고자 하는 일을 전달한 것이다. 민수기 11:24-30을 보면 하나님께서는 이스라엘 장로 70명을 회막에 모으시고 모세에게 주셨던 영을 이들에게도 주시고, 그 영이 그들 위에 머무를 때에 그들이 예언하였다(יתנבאו)고 했다. 이상의 예를 살펴볼 때에 성경에서 사용하고 있는 "예언하다"(נבא)라는 말은 하나님의 뜻을 꼭 입으로만 전하는 것이 아니고 다양하고 기이한 행동, 즉 대중들의 호기심과 관심을 끌 수 있는 의미있는 행동을 통하여도 전하는 경우에 같이 사용되는 말이라는 것을 알 수 있다. 따라서 예언은 반드시 미래에 있을 일을 마치 점을 치듯이 알려주는 것만도 아니고, 하나님께서 그에게 대언하라고 주신 말씀이 미래에 일어날 일에 관한 것일 수도 있고,

현재에 일어나고 있는 일에 관한 것일 수도 있고, 어떤 경우에는 과거에 일어났던 일에 대한 회고와 교훈과 책망일 수도 있다.

따라서 선지자를 예언자라고 칭하는 것은 선지자의 의미를 너무 축소한 말이다. 뿐만 아니라 선지자들은 하나님의 뜻을 전달하는 데 있어서 꼭 언어를 통한 교통수단만을 사용하는 것도 아니라는 것이다. 예언은 하나님의 뜻을 백성들에게 알려 주고 그것을 가르치고 설명해 주는, 말하자면 해석해 주는 포괄적인 주의 종들의 사자(使者), 혹은 메신저(messenger)의 활동을 의미한다. 그런데 이 다양한 선지자의 활동을 단순히 미래를 점치는 "예언"이라고 지칭하고 이해하기 때문에 성경에서 말하고 사용하고 있는 "나비"(נביא)의 의미를 이해하는 데 혼동이 있는 것이다.

(2) 은사로서의 예언

방언과 마찬가지로 성경은 예언을 은사 중의 하나로 가르친다. 바울은 고린도전서 12장을 시작하며, "형제들아 나는 너희가 영적인 은사들에 대하여 알지 못하기를 원치 않는다"(1절)라고 입을 열며, 4절에는 은사가 여러 가지가 있다고 말하고, 10절에는 "어떤 이에게는 기적 행함을, 어떤 이에게는 예언(προφητεία)을, 어떤 이에게는 영들 분별함을, 어떤 이에게는 여러 가지 방언을, 어떤 이에게는 방언을 통역함을 주신다"고 말한다. 뿐만 아니라 고린도전서 14:26에는 "형제들아 그러면 어떻게 해야 하겠느냐? 너희가 모일 때에는 각각 찬송도 있고, 가르침도 있고, 계시(ἀποκάλυψις)도 있고, 방언도 있고, 통역도 있으나 모든 것을 세우기 위하여 하여라"라고 가르친다. 여기서 바울은 예언이라는 말을 쓰지 않고 교회에 계시가 있다고 말한다. 계시와 예언은 어떻게 다른가?

계시란 말의 사전적 의미는 "사람의 지혜로 알 수 없는 진리를 신이 가르쳐 알게 함"이라고 정의한다. 헬라어로는 "아포칼립시스"(ἀποκάλυψις)를 사용하고 있는데 이는 영어로 "revelation" 혹은 "disclosure"라고 번역하고 있다. "드러내다," "알리다," "나타내다," "폭로하다"

등의 명사형이다. 따라서 하나님의 계시란 하나님께서 자기 자신을 사람에게 나타내 보여 주시는 것이다. 사람은 눈에 보이지 않는 하나님을 스스로 알 수 없다. 하나님께서 자기를 계시해 주셔야 알 수 있다. 그런데 성경은 "세상 창조 때부터 그분의 보이지 않는 것들, 곧 그분의 영원하신 능력과 신성이 그분께서 만드신 만물을 통하여 분명히 드러나 알게 되었다"(롬 1:20)고 가르친다. 하나님께서는 그의 창조물을 통하여 하나님의 존재와 하나님의 능력과 하나님의 성품을 계시하셨다는 것이다. 따라서 우리는 그의 창조물을 보면 하나님의 존재와 지혜와 능력을 알 수 있다.

그러나 우리 인간이 아무리 에베레스트 산꼭대기에 올라가 앉아 있어도 우리가 하나님 앞에 죄인인 것과 그 죄로부터 구원 받을 길이 무엇인지 알 수 없다. 그래서 하나님께서는 특별한 방법을 통하여 이것을 사람들에게 알려 주셨다. 선지자를 세워서 그의 뜻을 사람들에게 알리게 하신 것이다. 구약 시대의 선지자들과 신약 시대의 사도들은 하나님으로부터 받은 이 계시를 성경에 기록하여 놓았다. 이 특별계시는 선지자와 사도들을 통하여 완성되었다. 이제는 더 이상의 특별계시는 없다. 성경에는 하나님과 하나님의 구원의 도리에 대하여 완벽하게 기록되어 있기 때문이다(히 1:1-2). 따라서 특별계시(성경계시)를 통하지 않고 일반계시(자연계시)만으로는 구원의 길을 알 수 없는 것이다.

문제는 오늘날에도 하나님께서 선지자가 아닌 일반 사람들에게 자신의 뜻을 나타내시는 새로운 계시가 있는가 하는 것이다. 계시가 있다면 예언이 가능할 것이다. 그런데 전통적인 개혁 교회에서는 선지자로서의 사도의 역할이 종결되었기 때문에 더 이상의 계시도 없고, 방언도 없고, 예언도 없다고 가르친다. 그러나 바울은 은사로서 교회에 계시가 있다고 분명하게 말하고 있다. 교회에 계시가 있다는 것은 곧 예언이 있다는 것을 말하는 것이다. 따라서 우리는 여기서 성경적 계시로서의 예언과 성경에 담긴 하나님의 뜻을 해석하고 가르치며 전달하는 "나비"(선지자)의 은사로서의 예언은 구별되어야 하는 것이다. 말하자면 하나님께서는 그의 선지자들을 통하여 주신 성경계시의 말씀을 해석하고 가르치는 예언 활동을 하도록 교회의 특별한 성도들에게 계시의 은사로 주셨다는 것이다.

3) 방언과 예언

바울은 방언보다는 예언을 하라고 가르친다. 그렇다면 예언은 무엇인가?

방언과 달리 예언은 사람들에게 말하는 것이다. 예언은 하나님의 말씀을 대언하는 것이다. 또한 예언이란 하나님의 말씀을 가르치는 것이다. 따라서 예언은 사람들에게 말하여 그의 품성을 높이고, 권면하며, 위로하여 교회를 세운다. 따라서 성도들은 방언보다 예언하기를 추구하라고 권한다(고전 14:1). 방언은 영으로 비밀을 하나님께 말하기 때문에 아무도 무슨 뜻인지 알지 못한다. 따라서 바울은 교회의 성도들 앞에서 방언으로 일만 마디를 하는 것보다 남을 가르치기 위하여 깨달은 마음으로 다섯 마디의 말을 하는 것이 낫다고 했다(고전

14:19). 예언을 하면 믿지 않는 자들이나 무식한 자들이 교회에 들어와서 듣고 모든 사람들로부터 책망을 받고, 판단을 받아 그의 숨겨진 것들이 드러나 엎드려 하나님을 경배하게 된다는 것이다. 따라서 예언은 교회의 덕을 세우는 것이다.

우리 그리스도의 제자들, 특히 하나님의 말씀을 증거하기 위하여 성령을 받고, 선지자로 인증을 받은 자들은 방언으로 말하는 것보다 예언하기를 사모하고, 추구해야 한다. 여기서 말하는 예언이란 성경이 말하지 않는 장래에 있을 일을 말하거나 일상에서 일어날 수 있는 사건을 미리서 점치는 것을 의미하는 것이 아니다. 하나님께서 이미 계시하신 성경 말씀을 선포하고, 해석하고, 적용하는 것을 가르치는 것을 의미한다. 하나님께서 성경에 하신 말씀, 혹은 하시고자 하는 말씀을 대언하는 것이다. 우리 성도들은 다 같이 물세례를 받고 성령세례를 받음으로 선지자로 세움을 받은 자들이다. 이제 우리는 선지자로서 하나님의 말씀을 대언하는 하나님의 입으로서의 역할을 해야 한다.

고린도전서 14장은 사도 바울이 고린도 성도들에게 주는 교회 안에서 특별히 지켜야 할 예언에 대한 규칙이다.

첫째로 전제해야 할 점은 방언과 마찬가지로 사도 바울은 교회에 계시가 있다는 것이다(고전 14:26). 계시가 있기 때문에 예언이 있는 것이다. 요사이 일부 개혁주의자들은 히브리서 1:2, "옛적에 선지자들을 통하여 여러 번 여러 모양으로 조상들에게 말씀하신 하나님께서 이 마지막 날들에 아들을 통하여 우리에게 말씀하셨으니 … "라는 말씀대로 구약성경에 약속하신 예수님께서 이 마지막 날에 사람의 몸으로 이 땅에 오셔서 하나님 나라의 비밀을 알려 주셨으며, 그것을 제자들이 성경에 기록해 놓았기 때문에 더 이상의 계시가 없고 계시는 이제 종결되었다고 가르친다.

따라서 오늘날에는 하나님의 조명사역만 있고 계시 행위가 없다고 주장한다. 그러나 성령의 조명사역이란 하나님의 특별계시인 성경을 가지고 하나님의 구원의 비밀을 깨닫게 하는 바 계시 행위를 일컫는 말이다.[52] 본문에도 고린도 성도들의 예배와 모임 가운데 "찬송도 있고, 가르침도 있고, 계시도 있고, 방언도 있고, 통역도 있다"(고전 14:26)고 가르친다. 계시는 사도들만의

---

[52] 나용화는 성령의 조명사역이 하나님의 계시 행위라는 사실을 다음과 같이 주장한다. "성령의 조명사역이 계시 행위라는 사실은 첫째, 성경이 밝히 말한다. 지혜와 계시의 성령이 우리 마음의 눈을 밝혀 하나님을 알게 하시고(엡 1:17-18), 진리의 성령이 우리 안에 영원히 계셔 예수님을 증거하여 알게 하시며 그의 말씀들을 깨닫게 하신다(요 14:16-17,26; 15:26; 16:13). 둘째, 웨스트민스터 신앙고백에서 성령의 조명과 관련된 성경 구절들이 밝히 말하고 있다. 고린도전서 2:10-13, "하나님께서는 성령을 통하여 우리에게 계시하셨다"(참고, 요 16:13; 엡 1:7), 성령께서 예수님이 그리스도이심을 알게 하여 믿게 한다(참고, 고전 12:3). 셋째, 그리스도의 선지자 직분이 밝히 말한다. 그리스도는 영원한 선지자로서 사도들과 교회의 말씀 사역자들을 통해서 성경을 가지고 계시와 진리의 성령으로 계시사역을 항상 하고 계신다(웨스트민스터 신앙고백 8장 8항; 대요리문답 43; 소요리문답 24; 참고, 벌코프, 『조직신학(하)』, 596). 넷째, 예수 그리스도 자신이 공적 사역에서 항상 하나님의 완성된 계시인 성경을 가지고 계시하신 사실(참고, 눅 4:16-21; 24:13-35)과, 사도들도 성경을 가지고 하나님의 계시 자체인 예수 그리스도를 알게 하는 계시 활동을 한 사실(행 2:14-36; 28:23-31)이 밝히 말한다. 다섯째, 일반계시가 지금도 있다는 사실이 밝히 말한다. 일반계시가 구원의 비밀을 알리기에는 불충분하기 때문에, 안경 노릇할 특별계시가 늘 주어져야 하는 것이다(참고, 시 19편). 여섯째, 예수님이 항상 살아 계시고(히 13:8; 계 1:18), 성경도 항상 있고 살아 있다는 사실(벧전 1:23)과, 성경의 각 책이 본래 하나님의 완전한 계시이기에 교회에 의해 완성된 것이 아니라 단지 공인되었다는 사실이 계시 종결론을 배척한다. 이로 보건데 계시 종결론은 예수 그리스도의 영원한 선지직뿐만 아니라 성령의 계시 행위를 부정함으로써 성령의 역동적인 계시 활동을 제한하기 때문에 사실상 교회를 죽이는 것이다." 칼빈 『기독교강요』, 1권 7장 4절, 1권 9장 3절; 웨스트민스터 신앙고백 1장 5, 6절, 웨스트민스터 신앙고백 8장 8항; 대요리 문답 43; 소요리문답 24; 참고, 벌코프, 『조직신학(하)』, 596). 나용화 "교회를 슬프게 하는 신학논리," 「개혁공보」 2011년 7월 29일.

전유물이 아니라 성도들 가운데도 계시가 있었다. 따라서 우리는 성경의 가르침대로 계시가 있고, 계시가 있기 때문에 예언도 있다는 사실부터 시작해야 한다. 하나님은 전지전능하시고, 무소부재하시다. 하나님께서는 무슨 일이든지 그의 뜻대로 하는 분이시다. 예수 그리스도를 통한 구원의 계시는 이미 정경의 완성과 더불어 종료되었지만 하나님은 여전히 다양한 방법을 통하여 자신을 우리들에게 계시하고 계신다.

둘째로 예언은 둘이나 셋이 말하고 다른 사람은 분별하라는 것이다(고전 14:29). 예언도 방언과 같이 집단적으로, 그리고 동시 다발적으로 해서는 안 된다. 조용한 가운데 한 사람씩 한 사람씩 해야 한다(고전 14:31). 앉아 있는 다른 사람에게 계시가 주어지면 먼저 말하던 자는 잠잠해야 한다. 그래서 모든 사람이 배우고 모든 사람이 권면을 받게 해야 하는 것이다. 여기서 말하는 계시는 분명 사람이 알아 들을 수 있는 언어로 무엇인가 신적인 것이 드러나고 나타나는 것을 의미한다. 그러나 모든 예언이 다 하나님으로부터 오는 것이라고 말할 수 없고, 모든 것이 다 교회에 덕을 세우는 것이 될 수 없다. 사탄도 예언하게 할 수 있기 때문이다. 따라서 바울은 "다른 사람은 분별하라"고 말한다. 여기서 "분별하다"고 번역하는 헬라어, "디아크리노"(διακρίνω)라는 말은 "주의 깊게 평가하다"(evaluate carefully)라는 의미이다. 구약성경의 선지자들도 하나님의 말씀을 선포할 때 그것이 하나님으로부터 나온 말씀인지 아닌지 평가받고 인증을 받는 과정이 있었다. 이 고린도 성도들도 예언하는 사람이 하나님의 말씀이라고 주장할지라도 그것이 성경 말씀과 합일하는 것인지 평가되어야 할 것이다. 또한 그것이 하나님으로부터 나온 예언이라 할지라도 고린도전서 13:8-10, "예언도 사라지고, 방언도 그치고, 지식들도 사라질 것이다. 우리는 부분적으로 알고 부분적으로 예언하나 온전한 것이 올 때는 부분적인 것은 사라질 것이다"라는 말씀대로 그것이 부분적이고 일시적이라는 것을 인정해야 한다.[53] 하나님의 말씀만이

---

53 W. A. Grudem, *The Gift of Prophecy in I Corinthians*(Lanham, Md.: University Press of America, 1982), 64. quoted in David E. Garland, *Baker Exegetical Commentary on The New Testament: I Corinthians*(Grand Rapids:

살아있고 항상 있다(벧전 1:23).

> "모든 육체는 풀과 같고 그의 모든 영광은 풀의 꽃과 같으니, 풀은 마르고 꽃은 떨어지나 주님의 말씀은 영원토록 있다"(벧전 1:24-25; 사 40:6-8).

따라서 모든 예언은 하나님의 말씀에 비추어 살펴보고 온전하신 예수 그리스도를 표준으로 평가해야 한다. 우리 인간들의 예언이란 항상 "부분적이고 일시적"이라는 한계가 있는 것이다. 예언하는 자들의 영은 다른 예언하는 자들에 의하여 점검되고 평가되어야 하는 것이다(고전 14:32).

셋째로 방언과 마찬가지로 예언이 있는 곳에 질서가 있어야 하고 평화가 있어야 한다. 고린도전서 14:33에 "하나님은 무질서의 하나님이 아니시고 오직 평화의 하나님이시다"라고 했다. 예언이 교회에 무질서를 초래하고, 분쟁을 일으킨다면 그것은 바른 예언이 아니다. 예

Baker, 2003).

언 역시 교회에 덕을 세우는 것이어야 한다. 소위 예언이라고 하는 말들이 교회가 용납할 수 없는 이단 사설일 수 있고, 하나님의 말씀이라고 하는 예언이 성도들 사이에 분쟁과 분열을 조장할 수 있다. 그러나 우리가 믿는 하나님은 화평의 하나님이시기에 그의 몸 된 교회를 어지럽히고 무질서 가운데 빠트리실 수 없다. 그러므로 예언은 항상 두렵고 떨림으로 해야 하고, 그것은 항상 성도들의 신앙 성장과 교회의 순결과 화평을 이루는 것이어야 한다. 바울은 여기에서 예언자가 말하는 것을 분별하는 어떤 기준을 제시하는 것은 아니지만 우리는 앞에서 논한 것을 중심으로 예언에 대한 몇 가지 기준을 생각해볼 수 있다.

1. 예언이 예수님의 전통(고전 7:10; 9:14; 11:23; 12:3; 15:3; cf. 살후 2:15 - 3:6)과 말씀에 일치하는가?(고전 1:18 - 25)
2. 예언이 그리스도를 중심하여 해석해 볼 때 그것이 성경과 일치하는가?(고전 1:19, 31; 4:6)
3. 예언이 사도들이 전해 주고 가르쳐 준 것과 일치하

는가?(고전 2:1-5; 7:25; 11:2; 15:3)

4. 예언이 다른 사람들에 대한 희생적인 사랑과 일치하는가?(고전 14:3-5, 12, 17, 26; cf. 고전 12:7)

5. 예언이 다른 성도를 실족시키게 하는 것은 아닌가?(고전 8:7-13)

6. 예언이 다른 사람들을 회개케 하고 믿음으로 하나님이 그들 가운데 계심을 확신하게 하는가?(고전 14:20-25)[54]

따라서 우리는 꿈이나 환상이나 음성을 통하여 계시를 받았다면 여과 없이 예언하려고 서두르지 말고, 먼저 그것이 진정 하나님으로부터 온 것인지 검증을 받아야 한다. 그리고 그것을 성경적 계시와 동일시해서는 안 된다.

---

[54] Cf. David E. Garland, *Baker Exegetical Commentary on The New Testament: I Corinthians*(Grand Rapids: Baker, 2003).

결론

이상 우리는 사도행전 2장 오순절 사건의 본문 가운데 성령이 임하는 모습에 대한 오역을 교정함으로 그동안의 신학적 혼란을 바로 잡기 위한 제안을 생각해보았다. 신약의 사건은 구약의 연속성 가운데 해석되고 이해되어야 할 것이다. 오순절 성령세례는 말씀으로 세상을 창조하신 하나님께서 말씀으로 세상을 회복하기 위하여 육신을 입고 말씀사역을 위한 대선지자로 오셔서, 그의 제자들을 말씀사역을 위한 새 언약의 선지자들로 임명하시고 성령으로 인치신 위임식이라는 것이다.

따라서 오순절 사건은 단회적이다. 중생이나 성화와는 무관한 것이며, 심지어는 구속사 가운데 새로운 전환점을 이루는 사건도 아니고, 새 언약이나 교회의 시작도 아니다. 오순절 이후 예수님의 제자들은 물세례를 받음으로 새 언약의 선지자들로 세움을 받고 동시에 성령세례를 받아 하나님의 사람, 하나님의 입으로 인증되는 것이다. 따라서 성도들은 물세례를 통하여 그가 그리스도의 죽음과 부활에 연합한 그리스도인이요, 교회의 지체이며, 하나님의 말씀을 땅끝까지 이르러 전파하고 가르쳐야 할 새 언약의 선지자임을 시인하고 인증받는 것이다. 따라서 세례를 받은 성도들은 반드시 그리스도의 가르침을 증거하는 선지자적 사명을 감당해야 한다. 하나님께서는 이를 위하여 성령의 은사를 주신다. "성령의 선물"(도레아[δωρεά])과 "은사"(카리스마[χάρισμα])는 구별되는 것이다. 성령의 선물이 예수 그리스도로 말미암아 죄인들에게 값없이 주시는 구원을 지칭하는 말이라면 은사는 하나님께서 구원 받은 성도들로 이루는 그리스도의 몸, 곧 교회의 지체들에게 지체로서의 역할을 수행할 수 있도록 주시는 특별한 능력이다. 따라서 모든 사람에게 같은 은사를 주시는 것은 아니다.

성경의 바른 번역과 바른 해석이 바른 적용을 이끈다. 우리는 그동안 오순절 성령세례사건에 대한 잘못된 번역과 이해로 말미암아 성령에 대한 잘못된 적용을 한 점이 많고, 성령에 대한 끝이 보이지 않는 논쟁 속에서 헤매고 다닌 것이 사실이다. 이제 우리는 성경에 나타난 사건들을 냉철하게 탐구하고, 그것을 겸손하게 받아 들여야 한다. 성령의 역사는 말씀의 역사이다. 성령은 말씀을 통해서 일하신다. 말씀이 선포되는 곳에 성령이 역사한다. 오순절의 성령세례는 제자들의 말씀사역을 위하여 주께서 제자들에게 영적 권위와 능력을 부여하시고, 하나님께서 보내신 선지자, 곧 말씀의 종임을 인치고 세우신 사건이다. 사람을 살리는 하나님의 구속사역은 말씀을 통해서만이 가능하다. 우리는 말씀을 선포하고 가르치는 선지자의 일을 하고, 그 다음은 성령께 맡겨야 한다. 우리가 성령을 오게 할 수도 없고 가게 할 수도 없으며, 성령을 우리의 뜻대로 일하게 할 수도 없다. 그러나 말씀이 선포되고, 말씀을 가르치는 곳에 성령이 임하시고 역사하신다. 또한 말씀이 우리 안에 있을 때, 성령은 우리를 충만하게 하시고, 우리를 성장하게 하시며, 우리 교회를 살리시고, 살아 있게 하신다. 우리가 모든 족속을 제자로 삼아 예수께서 명하신 것을 지키도록 가르쳐 세례를 베풀고 새 언약의 선지자로 세워야 할 이유이다.

참고문헌

Atkinson, William P. *Baptism in the Spirit: Luke-Acts and the Dunn Debate*. Eugene: Pickwick Publication, 2011

Barret, C. K. *A Critical and Exegetical Commentary on the Acts of Apostles*. Edinburgh: T&T Clark, 2004.

Bavinck, H., *Magnalia Dei*, Kampen: J. H. Kok, 1909.

Beale, G. K. *A New Testament Theology: The Unfolding of the Old Testament in the New*. Grand Rapids: Baker, 2011.

Bergen, Robert D. *The New American Commentary: 1,2 Samuel*. Nashville: Broadman & Holman Publishers. 1966.

Blomberg, Craig L. *Matthew. The New American*

Commentary 22. Nashville: Broadman & Holman Publishers, 1992.

Brown. Raymond E. *The Gospel According to John XIII-XXI*. The Anchor Bible. Garden City: Doubleday & Company, 1970.

Brownson, James V. *The Promise of Baptism: An Introduction to Baptism in Scripture and the Reformed Tradition*. Grand Rapids: Eerdmans, 2007.

Calvin, J. & Anderson, J. *Commentary on the Book of Psalms*. Bellingham, WA: Logos Bible Software, 2010.

Calvin, J., & Pringle, W. *Commentary on the Book of the Prophet Isaiah*. Bellingham, WA: Logos Bible Software, 2010.

_____. *Institutes of the Christian Religion I*. ed. by John R. McNeill. tr. and indx. by Ford Lewis Battles. Philadelphia: Westminster, 1960.

Cole, Graham A. *He Who Gives Life: The Doctrine of the Holy Spirit*. Wheaton: Crossway, 2007.

Cooper, L. Eugene, Sir. *Ezekiel*. The New American Commentary 17. Nashville: Broadman & Holman Publishers, 1994.

Cranfield, C. E. B. *A Critical and Exegetical Commentary on the Epistle to the Romans, 2* vols. ICC. Edinburgh: T&T Clark, 1975.

Dahood, M. S. J. *Psalm I:1-50, The Anchor Bible*. Garden City: Doubleday Company, 1965.

Dodd, C. H. *A Critical and Exegetical Commentary on the Acts of the Apostles,* Vol. 1. Edinburgh: T&T Clark, 2004.

Elwell, Walter A. *Evangelical Commentary on the Bible*. Vol. 3. Grand Rapids: Baker Book House, 1995. ECB. logos 4. Acts 2:2-13.

Enns, Peter. *Exodus: The Application Commentary*. Grand Rapids: Zondervan, 2000.

Dunn, James D. G. *Baptism of the Holy Spirit*. Philadelphia: Westminster, 1970.

_____. *Jesus and the Spirit*. Grand Rapids: Eerdmans, 1975.

Evans, Craig A. *Mark 8:27-16:20. Word Biblical Commentary*. Vol. 34B. Dallas: Word, 2001.

Ferguson, Sinclair. *The Holy Spirit. Contours of Christian Theology*. Leicester: Inter-Varsity, 1996.

_____. "John Owen and The Doctrine of the Holy Spirit" *The Martin Lloyd Jones Memorial Lecture 2000. in John Owen: The Man and His Theology*. Philipsburg: P&R, 2002.

Friberg, Timothy. Barbara Friberg and Neva F. Miller, *Anaytical Lexicon of the Greek New Testament*. Baker's Greek New Testament Library(Book 4). Baker Academy.

Gaffin, Richard B. Jr. *Perspectives on Pentecost*. Philipsburg: Presbyterian and Reformed Publishing Co., 1979.

_____. "The Holy Spirit," *Westminster Theological Journal* 43(1980): 58-78.

Garland, D. E. *Baker Exegetical Commentary on the New Testament: 1 Corinthians*. Grand Rapids: Baker, 2003.

Goold, W. H. ed. *The Works of John Owen*. Edinburgh, 1850-53.

Grudem, Wayne. *Systematic Theology: An Introduction to the Biblical Doctrine*. Leicester: IVP, and Grand Rapids: Zondervan, 1994.

_____. *The Gift of the Prophecy in the New Testament and Today*. Westchester: Crossway, 1988.

Habel, N. "The Forms and Significance of the Call Narrative," *ZAW* 77(1965): 292-333.

Hindebrandt, Wilf. *An Old Testament Theology of the Spirit of God*. Peabody: Hendrickson, 1995.

Hagner, Donald A. *Word Biblical Commentary 33A :Matthew 1-13*. Texas: Word Book, 1994.

Hendriksen, William, John. *The Geneva Series of Commentary*. London: The Banner of Truth Trust, 1954.

Horst, F. "Die Visionschilderungen altestamentlichen Propheten," *EvT* 20. 1960.

Houston, Graham. *Prophecy: A Gift for Today?* Downers Grove: IVP, 1989.

Hummel, Charles E. *Fire in the Fire place: Contemporary Charismatic Renewal.* Downers Grove: IVP, 1978.

Johnson, A. F. *1 Corinthians.* Vol. 7. Downers Grove: InterVasity Press, 2004.

Keener, Craig S. *3 Cruical Questions about the Holy Spirit.* Grand Rapids: Baker, 1996.

_____. *Gift & Giver: The Holy Spirit.* Grand Rapids: Baker, 2001.

Kistemaker, S. J., & Hendriksen, W. *Exposition of the Acts of the Apostles.* Baker NTC. Vol. 17. Grand Rapids: Baker Book House, 1953-2001.

Kim, Seyoon. *The Origin of Paul's Gospel.* Wissenschaftliche Untersuchungen zum Neuen Testament. 2 Reihe; 4. Tübingen: J. C. B[Paul Soebeck], 1981.

Knight III, G. W. "The Cessation of the Extraordinary Spiritual Gifts," in *The Beauty and Glory of the*

Holy Spirit. Joel Beeke and Joseph A. Pipa Jr. eds. Grand Rapids: Reformed Heritage Books, 2012.

Lenski, R. C. H. *The Interpretation of the Acts of the Apostles*. Mineapolis, MN: Augsburg Publishing House, 1961.

Lange, J. P., P. Schaff, V. L. Gotthard, C. Gerok, & C. F. Schaeffer. *A Commentary on the Scriptures: Acts*. Bellington: Logos Bible Software, 2008.

MacArthur, John F. Jr. *Charismatic Chaos*. Grand Rapids: Zondervan, 1992.

Marshall, I. Haward. *The New International Greek Testament Commentary: The Gospel of Luke*. Carlisle: Paternoster, 1978.

Menzies, Rober P. *TheDevelopment of Early Christian Pneumatology with special reference to Luke-Acts*. Journal for the Study of the New Testament Supplement Series 54. Sheffield: JSOT Press, 1991.

Motyer, J. Alec. *The Prophecy of Isaiah: An Introduction & Commentary.* Downers Grove: IVP, 1993.

Meyer, H. A. W. *Critical and Exegetical Handbook to the Acts of the Apostles,* vol. 1. P.J. Glog, trans., W.P. Dickson, ed. Edinburgh: T & T Clark, 1877.

Murray, Harris. *The New International Greek New Testament Commentary: The Second Epistle to the Corinthians.* Grand Rapids: Eerdmans, 2005.

Nicoll, W. R. *The Expositor's Greek Testament. Vol. II(Acts-1Corinthians): Commentary text.* New York: George[e H. Doran Company, [n.d.].

Nolland, John. *Luke1:1-9:20. Word Biblical Commentary*, Vol. 35A.

Oswalt, John N. Isaiah. *The NIV Application Commentary.* Grand Rapids: Zondervan, 2003.

Park, Hyung Yong. *The Holy Spirit and the Church.* Suwon: Hapdong Theological Seminary Press, 2011.

Polhill, John B. *The New American Commentary: Acts*(vol.26), Nashville: Broadman & Holman Publisher, 1992.

Poythress, Vern. "The Baptism of the Holy Spirit-What Does

it Mean?" in *Torch and Trumpet* 19/2(Feb. 1969): 8-10; 19/3(Mar. 1969):18-19;19/4(Apr. 1969): 7-9 by Reformed Fellowship, Inc.

Plastara, James. *The God of Exodus: The Theology of Exodus: Theology of Exodus Narrative*. Milwaukee: Bruce, 1966.

Reymond, R. L. *A New Systematic Theology of the Christian Faith*. Nashville: Thomas Nelson Publishers, 1998.

Robertson, O. Palmer. "Tongues: Sign of Covenantal Curse and Blessing," *WTJ* 38. Fall 1975-Spring 1976.

_____. *The Final Word: A Biblical Response to the Case for Tongues and Prophecy Today*. Edinburgh: The Banner of Truth Trust, 1993.

Ryken, Leland, James C. Wilhoit, Tremper Longman, III. *Dictionary of Biblical Imagery*. Downers Grove: IVP, 1998.

Samarin, William J. *Tongues of Man and Angels*. New York: Macmillan, 1972.

Sailhamer, John H. *The Pentateuch as Narrative*. Grand

Rapids: Zondervan, 1992.

Smith, Gary V. *The New American Commentary: Isaiah 1-39*. Nashville: B & H Publishing Group, 2007.

Sohn, Seock-Tae. *The Divine Election of Israel*. Grand Rapids; Eerdmans, 1991.

_____. "'I Will Be Your God and You Will Be My People': The Origin and Background of the Covenant Formula," in *Ki Baruch Hu: Ancient Near Eastern, Biblical, and Judaic Studies in Honor of Baruch A. Levine*. Eds by R. Chazan, W.W. Hallo and L. Schiffman.Winona Lake: Eisenbrauns, 1999.

_____. *YHWH, The Husband of Israel*. Eugene: Wipf & Stock, 2002.

Stein, Robert H. *The New American Commentary: Luke*, 1992.

Stott, John R. W. *Baptism and Fullness*. Downers Groves: InterVarsity Press, 1978.

Thiselton, A. C. *The New International Greek Testament*

Commentary: The First Epistle to the Corinthians (NIGTC). Grand Rapids: Eerdmans, 2000.

Unger, Merrill. *New Testament Teaching on Tongues: A Biblical and Historical Survey.* Kregel, 1971.

_____. *The Baptism & Gifts of the Holy Spirit.* Chicago: Moody Press, 1974.

Waltke, Bruce K. with Cathi J. Fredricks, *Genesis: A Commentary.* Grand Rapids: Zondervan, 2001.

Watt, J. D. W. *Isaiah1-33*(vol. 24), Dallas: Word Book, 1998.

Witherington III, B. *The Acts of the Apostles: A Socio-Rhetorical Commentary*. Grand Rapids: Eerdmans, 1998.

Young, E. J. *My Servants The Prophets.* Grand Rapids: Eerdmans, 1952.

김세윤.『칭의와 성화』서울: 두란노, 2013.

나용화. "교회를 슬프게 하는 신학논리,"「개혁공보」
     2011년 7월 29일.

변종길.『성령과 구속사』서울: 개혁주의신행협회, 1997.

손석태.『여호와 이스라엘의 남편』서울: 솔로몬, 1997.

_____.『목회를 위한 구약신학』서울: CLC, 2006.

_____.『말씀과 구속사』서울: RTS, 2010.

_____.『말씀과 성령』서울: CLC, 2013.

성령세례 다시 해석한다

Reinterpreting the Baptism of the Holy Spirit

2016년 6월 10일 초판 발행

지 은 이 | 손석태

편 집 | 이종만, 정희연
디 자 인 | 장선률
펴 낸 곳 | 사)기독교문서선교회
등 록 | 제16-25호(1980. 1. 18)
주 소 | 서울시 서초구 방배로 68
전 화 | 02) 586-8761~3(본사) 031) 942-8761(영업부)
팩 스 | 02) 523-0131(본사) 031) 942-8763(영업부)
홈페이지 | www.clcbook.com
이 메 일 | clckor@gmail.com
온 라 인 | 기업은행 073-000308-04-020, 국민은행 043-01-0379-646
예금주: 사)기독교문서선교회

ISBN 978-89-341-1537-3 (93230)

* 낙장·파본은 교환해 드립니다.

이 도서의 국립중앙도서관 출판시 도서목록(CIP)은 서지정보유통지원시스템 홈페이지(http://seoji.nl.go.kr)와 국가자료공동목록시스템(http://www.nl.go.kr/kolisnet)에서 이용하실 수 있습니다.
(CIP제어번호: CIP2016010482)